Francisco de Aquino Júnior

Viver segundo o espírito de Jesus Cristo

Espiritualidade como seguimento

Prefácio de Jon Sobrino

Dados Internacionais de Catalogação na Publicação (CIP)
(Câmara Brasileira do Livro, SP, Brasil)

Aquino Júnior, Francisco de
  Viver segundo o espírito de Jesus Cristo : espiritualidade como seguimento / Francisco de Aquino Júnior ; prefácio de Jon Sobrino. – São Paulo : Paulinas, 2014. – (Coleção teologia no espírito)

  ISBN 978-85-356-3697-0

  1. Espiritualidade 2. Jesus Cristo - Pessoa e missão 3. Vida cristã 4. Vida religiosa I. Sobrino, Jon. II. Título. III. Série.

  13-14066   CDD-248.4

Índice para catálogo sistemático:
1. Jesus Cristo : Espiritualidade : Cristianismo   248.4

1ª edição – 2014
1ª reimpressão – 2015

Direção-geral:
Bernadete Boff
Editores responsáveis:
Vera Ivanise Bombonatto
Afonso M. L. Soares
Copidesque:
Mônica Elaine G. S. da Costa
Coordenação de revisão:
Marina Mendonça
Revisão:
Ruth Mitzuie Kluska
Gerente de produção:
Felício Calegaro Neto
Diagramação:
Manuel Rebelato Miramontes

Nenhuma parte desta obra poderá ser reproduzida ou transmitida por qualquer forma e/ou quaisquer meios (eletrônico ou mecânico, incluindo fotocópia e gravação) ou arquivada em qualquer sistema ou banco de dados sem permissão escrita da Editora. Direitos reservados.

Paulinas
Rua Dona Inácia Uchoa, 62
04110-020 – São Paulo – SP (Brasil)
Tel.: 2125-3500
http://www.paulinas.org.br – editora@paulinas.com.br
Telemarketing e SAC: 0800-7010081

© Pia Sociedade Filhas de São Paulo – São Paulo, 2014

*Para Pedro Casaldáliga,
profeta do Reino,
patriarca da Igreja dos pobres,
irmão-companheiro na caminhada,
testemunha fiel.*

Sumário

Prefácio 7

Introdução 11

Viver segundo o espírito de Jesus Cristo –
Espiritualidade como seguimento 15
   1. Espiritualidade como *dimensão* da vida humana 16
   2. A *dimensão espiritual* da vida humana 20
   3. Espiritualidade *cristã* 27

Espiritualidade das CEBs 39
   1. Nossa espiriritualidade 40
   2. Nosso jeito de ser Igreja 43

Entre ruas: fé e esperança de um povo – Espiritualidade
da Pastoral do Povo da Rua 47
   1. Nosso lugar, nosso sonho, nosso caminho... nosso Deus 47
   2. Deus libertador/criador 48
   3. Jesus Cristo libertador/salvador......................................50
   4. Espírito Santo libertador/santificador 51
   5. Povo de Deus no deserto urbano 57
   6. Pastoral do Povo da Rua 58

Centralidade da "opção" pelos pobres na vida religiosa 59
   1. A Vida Religiosa como um modo de seguimento
      de Jesus Cristo 61
   2. A "opção" pelos pobres como realidade constitutiva
      e fundamental da Vida Religiosa 70
   3. "Opção" pelo hoje 76
   4. Os pobres são nossos juízes e senhores...........................82

"... E DISSO SOMOS TESTEMUNHAS",
NESTA "TERRA DE SANTA CRUZ"!..85
1. Uma Igreja que nasce e se constitui como *testemunha* de Jesus Cristo..86
2. Pedro Casaldáliga: uma testemunha fiel de Jesus Cristo................96
3. Terra de Santa Cruz, "lugar" e "hora" de testemunho da vida religiosa 105

"NOVAS" DIRETRIZES DA AÇÃO EVANGELIZADORA –
"AJUSTE PASTORAL"!?...109
1. Estrutura do texto..109
2. "Ajuste pastoral"!?...112
3. Necessidade de um ajuste evangélico..114

IGREJA DOS POBRES – DO VATICANO II A MEDELLÍN
E AOS DIAS ATUAIS 119
1. "Igreja dos pobres" no Concílio Vaticano II 120
2. "Igreja dos pobres" na Conferência de Medellín........................127
3. "Igreja dos pobres": atualidade histórico-teologal.....................135
Anexo – Pacto de uma Igreja serva e pobre 147

CEBs – JUSTIÇA E PROFECIA: NA CONSTRUÇÃO DE UMA NOVA
ORDEM MUNDIAL..151
1. O desafio de uma nova ordem mundial......................................152
2. A justiça como fundamento e critério da nova ordem mundial...160
3. A profecia como caminho/método da nova ordem mundial...163

Prefácio

Escrevo um brevíssimo comentário às palavras do título do livro, repetindo o que disse há muitos anos.

Em 1980, propusemo-nos, com outros teólogos da libertação de então, a escrever um texto conjunto sobre "espiritualidade de Jesus e da libertação". Eu já havia escrito sobre cristologia e me propus a escrever sobre espiritualidade. Mais concretamente sobre seus pressupostos e fundamentos. Em minha opinião, não mudaram muito as coisas mais importantes ou, ao menos, minha maneira de pensar. Os fundamentos de toda espiritualidade, disse, são os seguintes:

1. *A honradez com o real.* Pareceu-me o fundamental, sobretudo quando se observa o que ocorre quando o espírito parte da mentira. Na famosa passagem de Rm 1,18ss, diz Paulo: "Manifesta-se, com efeito, a ira de Deus, do alto do céu, contra toda impiedade e injustiça dos homens que mantêm a verdade prisioneira da injustiça". As consequências são espantosas: 1) privam-se as coisas de seu significado próprio, de sua capacidade de ser sacramentos de transcendência e de desencadear sua história; 2) priva-se o próprio sujeito de conhecer adequadamente a realidade, pois seu coração "se entenebrece"; 3) leva à negação prática de Deus, a não reconhecê-lo como o fundamento do real, como o próprio espírito do sujeito; 4) e o ser humano termina dominado por todo tipo de paixões. Em nosso contexto, deve ser honrado com a realidade de Jesus e pode captar em Jesus o ser humano que foi honrado com Deus, deixando-o sempre ser Deus.

2. *A fidelidade ao real.* A história muda e manter a honradez com o real tem suas dificuldades e seus custos. Por isso, há que

manter essa honradez, há que ser fiéis à realidade. Na teologia da libertação, viu-se logo essa necessidade. Disse-se que, propriamente falando, não pode haver uma teologia do cativeiro, mas, sim, deve existir uma teologia que se faz a partir do cativeiro, como disse Leonardo Boff. Enquanto exista cativeiro, e dentro dele, há que ser honrados com a realidade. Dito com palavras que costumava usar o padre Ellacuría, conhecer e ser fiéis à realidade é carregá-la/assumi-la (*cargar con ella*). Essa fidelidade ao real é o que exemplifica a cabalidade da cruz de Jesus. Mesmo quando não percebe a vinda do Reino de Deus e mesmo quando só escuta do Pai seu silêncio, Jesus continua fiel, continua encarnado na história que quer transformar, mesmo que agora a história se transforme em cruz para ele.

3. *Ser levado pelo "mais" da realidade.* A história não é apenas negatividade e carga. Paulo afirma também que a criação vive da esperança de sua própria libertação de toda servidão e corrupção. Na mesma realidade há algo de promessa e de esperança não aplacada pela experiência dos séculos. A mesma realidade, apesar de sua longa história de fracassos e de miséria, apresenta sempre de novo a exigência e a esperança em plenitude. Sempre surge um novo êxodo, uma nova volta do exílio, uma libertação do cativeiro, embora estas nunca sejam tampouco definitivas. Sempre encontra um porta-voz, um Moisés, um novo Moisés que anuncia uma nova terra e um novo céu, uma vida mais humana, um *homo vivens*. E como disse dom Romero, um *pauper vivens*.

A honradez com o real é, então, esperança exigida pela direção que a realidade quer tomar. Mas uma esperança ativa, não apenas expectante; um ajudar a que a realidade chegue a ser o que quer ser.

4. *A experiência de Deus.* Mas, mais profundamente, ao enunciar estes pressupostos, temos falado também das

mediações da revelação e comunicação de Deus e do modo fundamental de responder e corresponder a essa revelação e comunicação. O problema da espiritualidade não é outra coisa que a correspondência à revelação de Deus na história real. O fato de essa revelação ser considerada dogmaticamente como concluída em Cristo não significa que a experiência espiritual de Deus se faça à margem da história atual; pressupõe, antes, que Deus continua se manifestando nela.

A revelação de Deus no passado, compreendida simplesmente como "depósito", só possibilita uma doutrina *sobre* Deus, mas não garante uma experiência *de* Deus. Para isso é necessário que Deus continue se manifestando. Mas isso, hoje como no decurso da revelação bíblica, só se realiza na história real. Por isso, a honradez e fidelidade com o real não são apenas pressupostos, mas também fundamentos da espiritualidade no que ela tem de mais fundamental. Permitem seguir ouvindo a Deus na história e expressam a realização fundamental da resposta à sua palavra.

Essa é a espiritualidade teologal de Jesus. A Carta aos Hebreus o explicita muito claramente unificando sua experiência histórica e teologal, sua misericórdia e sua fidelidade. Dito sistematicamente, em Jesus aparecem unidas a fidelidade ao Reino de Deus e ao Deus do Reino, sua prática histórica e sua experiência do Pai. Na prática de humanizar a outros, Jesus aparece como o homem ante Deus; na prática de irmanar a outros, aparece como o Filho ante o Pai. Ele é o homem espiritual. Clama a Deus "Pai" e nisso mostra sua explícita relação com ele de obediência e confiança; mas o "invoca como Pai em uma ação histórico-libertadora". E esse Pai para Jesus continua sendo Deus, maior, "imanipulável". E Jesus o deixa ser Deus.

5. *Os mártires.* A vida em El Salvador me tornou evidente o que não costuma ser evidente em outros lugares, o que costuma

passar despercebido ou ao menos o que não se tem por realidade central na história. E a teologia costuma se desentender disso.

Não basta dizer que Jesus morreu; há que acrescentar que foi morto. E há que insistir em que essa morte foi assassinato. Assim, a cruz do Calvário recobra vigor e rigor histórico.

Não basta dizer que Jesus foi testemunha. Se quer saber, foi uma testemunha muito especial: foi um mártir!

Nenhuma espiritualidade cristã pode ignorar nem o martírio de Jesus nem os milhares de mártires que ocorreram antes e depois dele. Certamente, mudam as circunstâncias. Mas, desgraçadamente, continua havendo mártires no planeta, povos crucificados, como dizia Ignacio Ellacuría. E o que não muda é que a origem do cristianismo vem de um mártir, não de um Jesus qualquer. E que o melhor da história do cristianismo tem suas raízes em mártires, Marthin Luther King e dom Romero, Edith Stein e Dorothy Stang.

Jon Sobrino

Introdução

Este livro não é um estudo global e sistemático da espiritualidade cristã, mas uma abordagem de alguns de seus aspectos, traços e desafios.* Por isso mesmo, pode e deve ser tomado como *tópicos ou escritos de espiritualidade cristã*, porque todos eles dizem respeito à vida cristã, compreendida como vida segundo o Espírito de Jesus Cristo; *tópicos ou escritos*, porque se trata apenas da abordagem de alguns aspectos, traços ou desafios dessa espiritualidade. Nesse sentido, tem uma *unidade temática fundamental* que permite tomá-lo como um livro de espiritualidade e um *caráter tópico ou pontual* que confere autonomia a seus artigos ou capítulos – escritos e publicados, aliás, independentemente uns dos outros.

Dito isso, convém destacar as características ou os traços fundamentais de nossa abordagem da espiritualidade cristã ou, mais precisamente, das experiências ou dos aspectos desenvolvidos neste livro.

Em primeiro lugar, a espiritualidade é compreendida e desenvolvida, aqui, como *seguimento de Jesus Cristo* ou como *vida segundo o Espírito de Jesus Cristo*. Portanto, algo fundamentalmente experiencial/acional/práxico (vida, seguimento) e algo explícita e assumidamente cristão (Jesus Cristo). Numa palavra, espiritualidade cristã significa *viver como Jesus viveu.* Por mais que ela tenha uma dimensão ritual-simbólico-litúrgica e uma dimensão teórico-doutrinal que precisam ser cultivadas e desenvolvidas, não pode ser reduzida a ou identificada com

---

* Esta obra reúne vários artigos publicados nos últimos anos em diferentes revistas de teologia no Brasil, os quais dizem respeito a diferentes aspectos ou dimensões da vida cristã.

ritos ou práticas religiosas nem com doutrina. Diz respeito, em última instância, a um modo concreto de viver a vida: não basta louvar a Jesus (rito) nem confessá-lo como Cristo (doutrina), é preciso viver como ele viveu; "não basta andar com Jesus no peito, é preciso ter peito para andar com Jesus"; "quem diz que permanece com ele, deve agir como ele agiu" (1Jo 2,6).

Em segundo lugar, a espiritualidade diz respeito a todos os aspectos e a todas as dimensões da vida cristã: pessoal, eclesial, social; valores, ideias, intenções e práticas; sentimentos e decisões; família, sexualidade, lazer, trabalho etc. Exige tanto a conversão dos corações e das relações interpessoais quanto a transformação das estruturas da Igreja e da sociedade. É a vida na sua totalidade e complexidade que deve ser vivida segundo o Espírito/dinamismo de Jesus Cristo. A espiritualidade não pode jamais ser reduzida a um departamento da vida nem a um conjunto de ritos e doutrinas. Por isso mesmo não é nada fácil ser cristão. Nem para uma pessoa nem para uma instituição. É algo profundamente comprometedor e pode custar caro – os mártires que o digam... Sem falar que, mais que uma conquista, o ser cristão é um desafio e uma tarefa constantes: o "pão nosso de cada dia" que pedimos, buscando.

Em terceiro lugar, a espiritualidade cristã diz respeito ao modo concreto como Jesus viveu sua vida a partir e em função do reinado de Deus, cuja característica mais importante e decisiva é justiça aos pobres e oprimidos deste mundo. Por isso mesmo, essa é a característica e o desafio mais centrais da vida cristã. É impossível ser cristão sem, como Jesus, *des-viver-se* eucaristicamente para que os pobres e oprimidos possam viver. O Espírito que agiu em Jesus e que continua agindo na vida de muitas pessoas e comunidades é Espírito de compaixão, de misericórdia, de perdão, de fraternidade, de amor e de justiça. Se uma pessoa ou comunidade não produz esses frutos, é sinal que é movido/motivado por outro espírito – o espírito do anticristo. Essa é a prova de fogo da vida cristã, tanto individual quanto comunitária/institucional. Os pobres/oprimidos são, em Jesus Cristo, juízes e senhores de nossa vida (Mt 25,31-46; Lc 10,25-37).

Esses são os traços fundamentais de nossa abordagem da espiritualidade cristã. Todos os artigos aqui publicados têm como base e princípio estruturador a compreensão da espiritualidade cristã como *um modo de vida*, como algo que diz respeito à *vida em sua totalidade e complexidade* e como algo que nos *compromete radicalmente com os pobres e oprimidos deste mundo*.

O primeiro capítulo apresenta os fundamentos filosófico-antropológicos da espiritualidade cristã e esboça sua estrutura fundamental. Os capítulos seguintes tratam da espiritualidade cristã ou de aspectos da espiritualidade cristã, tal como ela é vivida ou deve ser vivida nas comunidades eclesiais de base (capítulo segundo), na pastoral do povo da rua (capítulo terceiro), na vida religiosa (capítulos quarto e quinto) e na orientação ou diretriz geral da ação pastoral/evangelizadora (capítulo sexto). Os dois últimos capítulos nos confrontam com uma das dimensões ou notas fundamentais da Igreja de Jesus Cristo: o ser *dos pobres* (capítulo sétimo) e com o desafio e a tarefa de colaborarmos na construção de uma nova ordem mundial (capítulo oitavo).

A pretensão deste "livro" é ajudar a comunidade cristã a acolher o Dom maior que Deus nos deu em Jesus Cristo (seu Espírito ou dinamismo vital/salvífico) e fazê-lo frutificar em nossa vida, produzindo os mesmos frutos que produziu na vida de Jesus (compaixão, misericórdia, perdão, fraternidade, amor, justiça etc.). Essa é a única herança que Jesus nos deixou, essa é a nossa vocação fundamental e essa é a única riqueza que temos a oferecer ao mundo: um modo concreto de viver e configurar nossa vida pessoal, eclesial e social, na certeza e na esperança de que "vida vivida como Jesus é vida vitoriosa, mesmo se crucificada".

Por fim, o livro está dedicado a Pedro Casaldáliga – profeta do Reino, patriarca da Igreja dos pobres, irmão-companheiro na caminhada, testemunha fiel... Na história da humanidade, algumas pessoas viveram em uma comunhão tão intensa com Deus que se tornaram sinal e expressão do próprio Deus no mundo. Para os cristãos, Jesus de Nazaré é a expressão máxima da presença e ação de Deus no mundo. Por isso, ele foi e é confessado pela comunidade cristã como o Cristo de Deus – o ungido, o messias, o enviado... Na história do cristianismo, em particular, há pessoas que configuraram sua vida a Jesus de tal modo que se tornam sinal e expressão inequívocas de Jesus e, por extensão, do Deus de Jesus neste mundo. Assim é que se canta, a propósito de Francisco de Assis: "e ninguém sabia já dizer com veras se eras Francisco ou se Cristo eras"; assim é que Ignacio Ellacuría podia dizer que "em dom Oscar Romero Deus passou por El Salvador" e podia falar dele como "um enviado de Deus para salvar seu povo"; e assim é que uma liderança indígena podia falar de Pedro Casaldáliga na romaria dos Mártires da Caminhada em julho de 2001 em Ribeirão Bonito, onde foi martirizado o Pe. João Bosco Penido Burnier, como um "grande presente que Deus deu aos índios e aos pobres desta região". É de Deus, vem de Deus... para os pobres, é dos pobres... Obrigado, Pedro, pai na fé e irmão/companheiro na caminhada, por seu testemunho, por sua vida toda entregue ao Deus de Jesus, que é o Deus dos pobres, e aos pobres deste mundo, sempre "na procura do Reino". Seguiremos juntos na caminhada, nas lutas do povo, acompanhados sempre daquela *nuvem de Testemunhas fiéis* que sempre te acompanhou – os profetas e mártires da caminhada. Os pobres e oprimidos deste mundo serão, n'Ele, juízes de nossas vidas, igrejas, pastorais e teologias...

Viver segundo o espírito de Jesus Cristo
*Espiritualidade como seguimento**

Espiritualidade é uma das palavras mais usadas na Igreja nas últimas décadas: tem sido tema constante de homilias, retiros e encontros pastorais; há uma quantidade enorme de artigos e livros sobre o assunto. Aparece como o conceito que melhor resume e expressa a vida cristã.[1] É como se espiritualidade fosse sinônimo de vida cristã; como se houvesse uma identidade radical entre ambas.

O problema é que comumente lidamos com uma concepção ambígua, reducionista e pouco cristã de espiritualidade, com enormes consequências para a vida cristã: *ambígua*, na medida em que é compreendida num horizonte dualista que opõe o espiritual ao material (matéria x espírito); *reducionista*, na medida em que é identificada com a vida cristã e não como uma de suas dimensões fundamentais (totalidade x dimensão) e na medida em que é identificada com certas práticas "religiosas" (culto, devoções, exercícios de piedade, símbolos); *pouco cristã*, na medida em que o espírito nem sempre é considerado e

---

* Escrito a pedido da revista *Convergência* da CRB e publicado em *Convergência* 446 (2011) 574-592.

[1] Mas é bom não perder de vista que o conceito espiritualidade é relativamente recente na história da Igreja. Embora apareça uma e outra vez em textos patrísticos (Pelágio, Dionísio, o Pequeno), ganha relevância e adquire importância com a escola espiritual francesa do século XVII e impõe-se como categoria teológica no final do século XIX e início do século XX (cf. MONDONI, Danilo. *Teologia da espiritualidade cristã*. São Paulo: Loyola, 2000, 13-16; GUTIÉRREZ, Gustavo. *Beber no próprio poço*: itinerário espiritual de um povo. Petrópolis: Vozes, 1984, 62s).

discernido a partir da práxis de Jesus de Nazaré (pneumatologia x cristologia). Certamente isso não aparece sempre de modo tão claro e explícito. Ninguém contrapõe sem mais o Espírito Santo a Jesus Cristo. Mas o que muitas vezes se descreve como experiência do espírito ou como frutos do espírito tem muito pouco a ver com a experiência do Espírito de Jesus de Nazaré e com os frutos que o Espírito produziu em sua vida. Ninguém nega que a vida humana tem dimensões materiais e dimensões espirituais e poucos contrapõem sem mais uma dimensão à outra. Mas quando se trata de definir o específico da vida cristã, quando se olha para as prioridades pastorais da Igreja (liturgia, catequese, sacramentos, missões, devoções) e quando se analisa mais atentamente o modo espontâneo e convencional de se referir ao espiritual (rezar pela alma, o que vale é o espírito, morrer para encontrar com Deus, imortalidade da alma, libertar-se da matéria etc.), percebe-se sem muita dificuldade um reducionismo da vida cristã à sua dimensão espiritual, um reducionismo da vida espiritual a práticas "religiosas" e certa contraposição teórica e, sobretudo, prática do espiritual ao material.

Nossa abordagem da *espiritualidade cristã* enfrentará precisamente essa problemática, tratando a espiritualidade como uma *dimensão* da vida humana (1), mostrando em que consiste essa dimensão *espiritual* (2) e explicitando sua especificidade *cristã* (3).

1. Espiritualidade como *dimensão* da vida humana

A vida humana é uma realidade complexa (vive, sente, intelige), constituída por uma pluralidade de notas.[2] Algumas

---

[2] Poderíamos falar aqui de propriedades, aspectos, momentos, dimensões etc. Preferimos com Zubiri a expressão notas pela "dupla vantagem de designar unitariamente dois momentos da coisa": *pertence* constitutivamente à coisa e a *notifica*

de caráter mais formalmente *material* ou *corpóreo*; outras de caráter mais formalmente *espiritual* ou *psíquico*.³ Quanto a isso não há maiores problemas. A questão reside em saber o modo como essas notas estão vinculadas ou articuladas entre si e qual a especificidade de cada uma delas na realidade plural e complexa que é a vida humana. E aqui a coisa se complica e as opiniões se dividem. Grosso modo, pode-se identificar três tendências ou posturas antropológicas no que diz respeito ao vínculo entre o que, para tornar o texto mais leve, chamaremos simplesmente de notas materiais e notas espirituais.⁴

A primeira é a que poderíamos qualificar como *dualista*. É a tendência ou postura predominante em toda tradição ocidental, inclusive na atualidade. Ela chega até nós através do mundo grego e pode ser caracterizada por uma separação e mesmo contraposição entre o material e o espiritual. Por um lado, material e espiritual são tomados como duas realidades completas e autossuficientes: existem independentemente um do outro. O máximo que pode se dar entre eles é uma *relação* entre *relatos* que em si e por si nada têm a ver um com o outro e que, ademais, terminam se separando um do outro: existe o material

---

sob um determinado aspecto ou dimensão (cf. ZUBIRI, Xavier. *El hombre y Dios*. Madrid: Alianza Editorial, 2003, 18).

³ Ibidem, 30-46, especialmente 39-41. Zubiri prefere falar de notas corpóreas a falar de notas materiais: "o radical do corpo está em ser princípio de atualidade. Corpo é, portanto, algo mais concreto que *matéria*. Porque se trata de matéria corpórea e não de matéria em oposição ao espírito". Da mesma forma, prefere falar de notas psíquicas a falar de notas espirituais: "não a chamo [a psique] espírito pela mesma razão pela qual não chamei o corpo matéria. E tampouco a chamo *alma* porque o vocábulo está sobrecarregado de um sentido especial mais que discutível, a saber, uma entidade substancial que habita 'dentro' do corpo [...] A psique é apenas um subsistema parcial de notas dentro do sistema total da substantividade humana" (ibidem, 40s).

⁴ Cf. GARCIA RUBIO, Alfonso. *Unidade na pluralidade*: o ser humano à luz da fé e reflexão cristãs. São Paulo: Paulus, 2001, 95-114, 318-360; ELLACURÍA, Ignácio. Espiritualidad, in *Escritos Teológicos IV*. San Salvador: UCA, 2002, 47-57, aqui 48s.

e existe o espiritual; eles podem se juntar (vida humana), mas terminam se separando (morte). Essa postura aparece tanto em teorias filosófico-antropológicas (Platão, por exemplo),[5] quanto no discurso mais espontâneo e convencional (morte como separação da alma do corpo, imortalidade da alma etc.). Por outro lado, material e espiritual são tomados como realidades contrapostas: não são apenas realidades distintas, mas realidades contrapostas; realidades que se opõem uma à outra. O material é de natureza sensível e o espiritual é de natureza intelectiva, e a relação entre sensibilidade e inteligência é de oposição.

A segunda tendência ou postura pode ser qualificada como reducionista ou *monista*. Ela tende a reduzir a dualidade material-espiritual a um desses elementos ou aspectos: seja tratando o material como inferior ao espiritual, como passageiro e, em última instância, como algo destituído de realidade (espiritualismo); seja tratando o espiritual como uma espécie de reflexo quase mecânico de determinadas condições materiais (materialismo). No primeiro caso, a dualidade acaba reduzida ao espiritual. O que importa mesmo é o espiritual e no fim das contas o espiritual é o único que permanece (imortalidade da alma), já que o material acaba com a morte. No segundo caso, a dualidade acaba reduzida ao material: tudo é matéria; o que comumente se chama espírito não é senão uma propriedade da matéria ou o resultado de determinados processos materiais. Se o dualismo afirma a dualidade material-espiritual separando e opondo matéria e espírito, o monismo reduz essa dualidade a um de seus elementos ou aspectos. Trata-se de uma postura simplista e, por isso mesmo, pouco convincente, sobretudo quando apresentada sem maiores precisões. Em todo caso,

---

[5] Cf. REALE, Giovanni. *História da filosofia antiga II*. São Paulo: Loyola, 1994, 185-215; LIMA VAZ, Henrique Cláudio. *Antropologia Filosófica I*. São Paulo: Loyola, 1991, 35-38.

nem de longe tem a importância e a repercussão que a postura dualista.

A terceira postura ou tendência é a que poderíamos qualificar com Ignácio Ellacuría como *estrutural*. Ela afirma a dualidade material-espiritual em sua unidade radical, superando tanto o dualismo quanto o monismo. Material e espiritual nem se separam (dualismo) nem se identificam (monismo). Não existe *o* espírito e *a* matéria como realidades independentes e autossuficientes que casualmente se juntam (vida), mas terminam se separando (morte), com o ocaso desta e a sobrevivência daquele.[6] O que existe é a realidade humana como realidade complexa *constituída* por uma pluralidade de notas sistematicamente articuladas ou estruturadas e *notificada* por essa mesma pluralidade de notas. Cada uma dessas notas, por mais irredutível que seja, é nota da realidade humana e só existe em unidade estrutural com as demais notas dessa realidade. Assim, matéria e espírito aparecem como *dimensões* da realidade humana, isto é, como algo que *constitui* essa realidade e, enquanto tal, a *mensura* sob certo aspecto. Certamente, podemos e devemos distinguir essas duas dimensões, mas nunca separá-las. Na realidade concreta que é a vida humana elas aparecem sempre articuladas uma em função da outra, qualificando essa realidade simultaneamente como material e espiritual. Não existe nenhum espírito passeando por aí como realidade separada da matéria. Sem dúvida a dimensão espiritual é irredutível

---

[6] Convém advertir com Antonio González que "o cristianismo não crê na imortalidade da alma, mas na ressurreição dos mortos, algo distinto em princípio. Trata-se, antes de tudo, da sobrevivência do homem inteiro, de sua unidade psico--orgânica completa e não de uma parte insubstantiva dela como é sua psique. Em segundo lugar, ao falar de ressurreição e não de imortalidade, o cristianismo atribui a ação ressurreicional à atuação livre de Deus e não a uma capacidade que a alma tenha por si. [...] em terceiro lugar, a afirmação cristã sobre a ressurreição não é uma tese filosófica, mas um artigo de fé" (GONZÁLEZ, Antonio. *Introducción a la práctica de la filosofía*. San Salvador: UCA, 2005, 222).

à dimensão material, tem sua especificidade e sua autonomia. Mas essa autonomia é apenas relativa, na medida em que a dimensão espiritual está estruturalmente articulada com outras dimensões e, inclusive, "sustentada por condições 'não espirituais', nas quais deve necessariamente encarnar-se e expressar-se e, por sua vez, iluminá-las e transformá-las".[7]

Uma correta compreensão e articulação do material e do espiritual na vida humana deve evitar, portanto, as tendências e posturas dualistas e monistas, assumindo uma perspectiva estrutural, na qual se afirma simultaneamente a irredutibilidade do material e do espiritual e sua unidade radical. E aqui o espiritual aparece como uma dimensão constitutiva da vida humana e, enquanto tal, como algo que a mensura sob um determinado aspecto.

2. A *dimensão espiritual* da vida humana

Depois de abordar a espiritualidade como *uma* dimensão da vida humana (irredutível, mas estruturalmente articulada com outras dimensões), é necessário explicitar em que consiste precisamente essa *dimensão espiritual*, qual a sua especificidade ante outras dimensões. E o faremos a partir da compreensão bíblica: seja por sua abordagem dimensional do espiritual, ainda que não a formule nesses termos, seja pelo interesse concreto de nossa abordagem de explicitar o especificamente cristão da espiritualidade.

Certamente, a Bíblia não oferece um tratado sistemático de espiritualidade. Ela não tem a pretensão de definir rigorosamente o que seja o espiritual da vida humana, nem de determinar como se dá sua experiência histórica. No entanto, na Bíblia não encontramos outra coisa senão a vivência/experiência mais

---
[7] ELLACURÍA, Ignácio. Op. cit., 48.

ou menos consciente, reflexa e elaborada do que estamos chamando aqui dimensão espiritual da vida humana e que tem a ver fundamentalmente com a experiência de Deus. Como afirma Victor Codina, "a presença do Espírito é uma constante na Bíblia, ainda que sempre de forma difusa e não sistematizada. É como o fio condutor de toda a Palavra de Deus, sem que os autores bíblicos tenham sentido a necessidade de plasmar essa experiência em um sistema dogmático. É, antes de mais nada, uma experiência vital, globalizante e unificadora das diversas dimensões ou etapas da revelação do mistério divino na história da humanidade".[8] E é a partir dessa experiência bíblica, mais concretamente de sua formulação ou narração, que procuraremos determinar em que consiste o espiritual da vida humana ou pelo menos identificar suas características mais importantes.

A primeira coisa que chama a atenção nos relatos bíblicos é que o espiritual aparece sempre como uma dimensão da vida humana intrinsecamente vinculada à sua dimensão material. A Bíblia nunca fala do Espírito ou do espiritual como algo independente, separado nem muito menos contraposto ao material. Fala sempre da vida concreta em sua totalidade e complexidade, ainda que destacando nela essa dimensão que a vincula mais diretamente a Deus. Daí que a Bíblia sempre fala de Deus falando de sua experiência por um povo concreto em um tempo, em uma situação e em um lugar concretos; fala da experiência de Deus falando da vida e da história concretas de um povo (economia, política, cultura, religião etc.). Não é possível separar nem no Êxodo nem na vida de Jesus Cristo o que seja o espiritual e o que seja o material, o que seja de Deus e o que seja do mundo etc. O de Deus, o espiritual, se materializa no

---

[8] CODINA, Victor. *"Não extingais o Espírito" (1Ts 5,19): iniciação à pneumatologia*. São Paulo: Paulinas, 2010, 34s.

Êxodo e na práxis de Jesus Cristo; a materialidade do Êxodo e da práxis de Jesus Cristo, por sua vez, é uma materialidade espiritualmente dinamizada e conduzida pelo Espírito de Deus. Essa unidade fundamental aparece na tradição bíblica como um "pressuposto antropológico básico", ainda que não esteja suficientemente elaborado e formulado. "Os semitas, tal como outros povos primitivos, veem a realidade de maneira prevalentemente sintética. Embora reconheçam no ser humano vários aspectos ou dimensões, isto é feito dentro de uma unidade básica."[9] A experiência espiritual na Sagrada Escritura é, portanto, uma experiência materialmente mediada e possibilitada. A tal ponto que não pode ser separada de sua materialidade, ainda que não possa ser identificada sem mais com ela.

Isso aparece inclusive nas expressões utilizadas na Escritura para se referir a essa experiência.[10] O que comumente chamamos *espírito* (latim: *spiritus*; grego: *pneuma*; hebraico: *ruah*) se manifesta aí "através de símbolos fluidos e impessoais" como "dinamismo de vida e força" (vento, água, fogo, defesa, selo, dedo...) e como "doçura e suavidade penetrante" (perfume, vinho, unção, pomba...).[11] E o que comumente chamamos *alma* (latim: *anima*; grego: *psyche*; hebreu: *nefesh*) designa aí tanto garganta e pescoço (necessários para a ingestão de alimentos e para a respiração) quanto a sede do desejo e de outros

---

[9] GARCIA RUBIO, Alfonso. Op. cit., 320.
[10] Cf. WOLFF, Hans Walter. *Antropologia do Antigo Testamento*. São Paulo: Loyola, 1975; LÉON-DUFOUR, Xavier. Alma. *Vocabulário de Teologia Bíblica*. Petrópolis: Vozes, 2009, 36-39; GUILLET, Jacques. Espírito, in op. cit., 293-304; KOCH, Robert. Espírito, in BAUER, Johannes. *Dicionário de Teologia Bíblica I*. São Paulo: Loyola, 1988, 364-389; SCHWANTES, Milton. O Espírito faz história. São Leopoldo: CEBI/10, 1988; GARCIA RUBIO, Alfonso. Op. cit., 320ss; GUTIÉRREZ, Gustavo. Op. cit., 64-81; CODINA, Victor. Op. cit., 23-32; CONGAR, Yves. *Revelação e experiência do Espírito*. São Paulo: Paulinas, 2005, 17ss.
[11] CODINA, Victor. Op. cit.

sentimentos, quanto ainda a própria vida ou o ser vivente.[12] Em ambos os casos, trata-se da vida humana em sua totalidade, considerada do ponto de vista de seu dinamismo vital e de sua relação com Deus. Nada mais estranho à mentalidade e ao vocabulário bíblicos do que a oposição matéria x espírito, corpo x alma. Como bem afirma Yves Congar, "se o mundo de cultura grega pensa em categorias de substância, o judeu pensa em força, energia, princípio de ação. O espírito-sopro é aquele que age e faz agir e, quando se trata do Sopro de Deus, *anima*, faz agir para realizar o desígnio de Deus. É sempre uma energia de vida". E nesse contexto faz referência à afirmação/interrogação do cardeal Daniélou – segundo ele, "um tanto carregada no tocante à oposição entre o grego e o hebraico, mas interessante e pedagogicamente bem-sucedida": "Quando falamos de 'espírito', quando dizemos que 'Deus é espírito', o que queremos dizer? Falamos grego ou hebraico? Se falamos grego, dizemos que Deus é imaterial etc. Se falamos hebraico, dizemos que Deus é um furacão, uma tempestade, um poder irresistível. Daí todas as ambiguidades quando se fala de espiritualidade. A espiritualidade consiste em se tornar imaterial ou em ser animado pelo Espírito Santo?".[13]

---

[12] Cf. WOLFF, Hans Walter. Op. cit., 21-41; GARCIA RUBIO, Alfonso. Op. cit., 320s.

[13] CONGAR, Yves. Op. cit., 18. "O que separa radicalmente a concepção bíblica da unidade do homem de qualquer forma de dualismo ontológico é o fato de que a linguagem bíblica sobre o homem não se refere a *naturezas* que nele se oponham, mas a *situações* existenciais que traduzem as vicissitudes do seu itinerário em confronto permanente com a iniciativa salvífica de Deus e com sua Palavra. Assim, o homem é 'carne' (*basar*) na medida em que se revelam a fragilidade e a transitoriedade de sua existência; é 'alma' (*nefesh*) na medida em que a fragilidade é compensada, nele, pelo vigor da sua vitalidade; é 'espírito' (*ruah*), ou seja, manifestação superior da vida e do conhecimento, pela qual o homem pode entrar em relação com Deus; finalmente, é 'coração' (*leb*), ou seja, o interior profundo do homem, onde têm sua sede afetos e paixões, onde se enraízam inteligência e vontade e onde têm lugar o pecado e a conversão a Deus" (LIMA VAZ, Henrique Cláudio. *Antropologia filosófica I*. São Paulo: Loyola, 1993, 61).

E aqui aparece mais explicitamente o outro traço ou a outra característica fundamental da dimensão espiritual da vida humana na Bíblia. Ela diz respeito não apenas a seu *dinamismo vital* (vida, ação), mas também à sua *relação com Deus* (criação, salvação) ou, mais precisamente, ela se refere ao *dinamismo vital enquanto dom de Deus*. Daí por que a expressão espírito pode se referir tanto à vida humana (espírito humano) quanto a Deus (Espírito Santo), quanto ainda a ambos ao mesmo tempo (Espírito de Deus como princípio e fonte do dinamismo vital). É o Espírito de Deus que dá vida, revela seus desígnios e faz agir de acordo com eles. Nas Escrituras hebraicas (AT) o Espírito tem a ver com a criação, com a profecia e com a sabedoria; designa a "ação e presença permanente de Deus na criação e na história" (cria, liberta e penetra os corações); "é uma força misteriosa que, a partir de dentro e de maneira sutil, tudo penetra e ilumina, purifica e santifica, vivifica e dá consistência definitiva";[14] diz respeito ao dinamismo vital e à ação vivificante de Deus ou ao próprio Deus; é simultaneamente espírito humano e Espírito divino. Nas Escrituras cristãs (NT) o Espírito tem a ver fundamentalmente com Jesus Cristo e com a vida cristã: diz respeito ao dinamismo vital/acional de Jesus Cristo e dos cristãos, enquanto con*figura*dos ou con*forma*dos a ele. O caráter mais fluido e impessoal das imagens que, sobretudo nas Escrituras hebraicas, evocam a presença e ação do Espírito (vento, sopro, fogo, água, força etc.) ganham na vida de Jesus de Nazaré tal concreção e densidade que a constituem em critério e medida de discernimento de sua presença e ação no mundo. O Espírito (tanto no que tem de dinamismo vital quanto no que tem de Deus) aparece aqui como Espírito de Jesus Cristo. "Por isso, para conhecer e discernir um Espírito

---

[14] CODINA, Victor. Op. cit., 43.

é preciso constatar se conduz a Jesus ou não".[15] Sobre isso já insiste a primeira Carta de São João: "Queridos, não vos torneis fiéis de qualquer espírito; ao contrário, comprovai se os espíritos vêm de Deus; pois muitos falsos profetas vieram ao mundo. Nisto reconhecereis o Espírito de Deus: todo espírito que confessa que Jesus Cristo veio em carne mortal, vem de Deus; todo espírito que não confessa Jesus não vem de Deus, mas do Anticristo" (1Jo 4,1-3). Assim, a vida concreta de Jesus de Nazaré se apresenta como a expressão por antonomásia e como o critério e a medida da unidade entre o espírito humano e o Espírito Santo, ou seja, do *dinamismo vital enquanto dom de Deus*. De modo que se o Espírito de Deus tem a ver fundamentalmente com Jesus Cristo, deve dinamizar nossa vida como dinamizou a vida de Jesus Cristo: é de Deus, portanto, se faz em nossa vida/carne o que fez na vida/carne de Jesus. Por essa razão, a espiritualidade cristã não é outra coisa senão viver segundo o Espírito de Jesus, isto é, seguir seus passos, viver como ele viveu.

A *dimensão espiritual da vida humana* tem a ver, portanto, com seu dinamismo vital (espírito humano) e com a fonte ou o princípio desse dinamismo (Espírito de Deus). Por um lado, ela *diz respeito ao dinamismo vital*, isto é, à vitalidade, ao caráter ativo, ao instinto, à força, à energia, aos impulsos, às motivações, às paixões, aos projetos, aos sonhos etc., que fazem da realidade humana uma realidade viva/ativa, uma realidade aberta, transcendente, dinâmica, inacabada, em realização... – para além de todo materialismo, imediatismo e determinismo. Por outro lado, ela *diz respeito à fonte ou ao princípio desse dinamismo*, isto é, trata o dinamismo vital como dom/graça de Deus – para além de todo imanentismo e de toda

---

[15] Ibidem, 32.

autossuficiência. É Deus que, mediante seu Espírito vivificante, dá a vida e faz agir; é Ele que impulsiona e orienta a ação segundo a justiça, de modo a conservar e promover a vida, sobretudo, dos fracos e oprimidos; é Ele que mantém a vida das pessoas e a história dos povos permanentemente abertas, em constante transcendência, impedindo que qualquer acontecimento ou situação tenha a última palavra; por fim, é Ele que nos faz superar todos os limites, inclusive a morte, mantendo viva nossa esperança contra todas as evidências e mesmo contra toda esperança: "a esperança é a última que morre" e "se morrer, ressuscita", lembra Casaldáliga.

É na medida em que experimentamos nosso dinamismo vital como algo que nos constitui e que nos é dado (para além do que queiramos e do que façamos) e que o vivemos segundo o dinamismo de Jesus de Nazaré que o experimentamos como dom de Deus e, consequentemente, como participação em sua vida, como comunhão com Ele. Se é verdade que "essa espiritualidade não se explica sem a presença operativa do Espírito", também é verdade que "esse Espírito não é percebido nem crido realmente senão a partir de uma espiritualidade viva, a partir do que é sua presença operativa no coração do homem, na comunidade cristã e ainda na institucionalidade da Igreja e na marcha da história. São as palavras e os acontecimentos novos, os comportamentos inesperados e anormais que levantam a pergunta de quem os impulsiona e como os inspira".[16] E é aí onde a dimensão espiritual que nos constitui se revela como abertura, dinamismo, transcendência e, em última instância, comunhão ou ruptura com Deus.

---

[16] ELLACRÍA, Ignácio. Op. cit., 50.

3. Espiritualidade *cristã*

Vimos que a espiritualidade é uma dimensão constitutiva da vida humana e que essa dimensão tem a ver precisamente com nosso dinamismo vital e, por ele, com nossa relação com Deus, em comunhão ou em ruptura. Quando falamos de espiritualidade cristã, falamos desse mesmo dinamismo vital em comunhão com Deus, tal como se deu na vida/práxis de Jesus de Nazaré.

Nas Escrituras cristãs (NT), como já indicamos, o Espírito aparece sempre vinculado a Jesus Cristo: é Espírito de Cristo (Rm 8,9; Fl 1,19), Espírito do Senhor (2Cor 3,17), Espírito do Filho (Gl 4,6). Sua missão não é outra senão ensinar e recordar tudo o que Jesus disse (Jo 14,26), dizer e explicar o que ouviu/recebeu de Jesus (Jo 16,13-14), dar testemunho de Jesus (Jo 16,26). "Do ponto de vista do conteúdo, não há autonomia e muito menos disparidade de uma obra do Espírito em relação à de Cristo".[17] Não por acaso "um grande número de efeitos são atribuídos indiferentemente a Cristo e ao Espírito" e "as fórmulas 'em Cristo' e 'no Espírito' são utilizadas muitas vezes indiferentemente uma pela outra".[18] E não por acaso a vida/carne de Jesus de Nazaré é apresentada como o critério fundamental e definitivo de discernimento dos espíritos (1Jo 4,1-3). De modo que "ninguém, movido pelo Espírito de Deus, pode dizer: maldito seja Jesus! E ninguém pode dizer: Senhor Jesus!, se não é movido pelo Espírito Santo" (1Cor 12,3). O Espírito de Deus é, portanto, inseparável da vida/práxis de Jesus de Nazaré. Ela é o lugar por excelência de sua manifestação/revelação.

---

[17] CONGAR, Yves. Op. cit., 61.
[18] Ibidem. Ele indica alguns textos onde isso aparece mais explicitamente: 2Cor 5,21 – Rm 14,17; Gl 1,17 – 1Cor 6,11; Rm 8,1.10 – Rm 8,9; Fl 3,1 – Rm 14,17; Rm 8,39 – Cl 1,8; Fl 4,7 – Rm 14,17; 1Cor 1,2.30 – Rm 15,16 / 2Ts 2,13; 2Cor 2,17 – 1Cor 12,3; Cl 2,10 – Ef 5,18; Rm 12,5 / Gl 3,27 – 1Cor 12,13; Ef 2,21 – Ef 2,22.

Daí por que falar de espiritualidade, na perspectiva cristã, não seja outra coisa senão falar da experiência do Espírito de Jesus de Nazaré: viver como Ele viveu e do que Ele viveu, isto é, con*figura*r ou con*forma*r a própria vida à sua vida. Numa palavra: viver segundo seu Espírito. Do ponto de vista cristão, diz Ellacuría, "homens espirituais são aqueles que estão cheios do Espírito de Cristo e o estão de uma maneira viva e constatável, pois a força e a vida desse Espírito invade sua pessoa e sua ação";[19] "espirituais não são, então, os que fazem muitas práticas 'espirituais', mas os que cheios do Espírito [de Jesus de Nazaré] alcançam seu ímpeto criador e renovador, sua superação do pecado e da morte, sua força de ressurreição e de mais vida; os que alcançam a plenitude e a liberdade dos filhos de Deus, os que inspiram e iluminam os demais e os fazem viver mais plena e livremente".[20] Trata-se, pois, de uma dinâmica de vida, de um modo de viver, de um jeito de configurar a vida no qual transparecem e se historicizam/encarnam a força e o poder criador e salvador de Deus, tal como se deu na vida/carne de Jesus. Por isso, quando Paulo fala de *vida no Espírito*, dos *frutos do Espírito* (Gl 5,22s; 2Cor 6,6s; Rm 8,5ss; 14,17), fala fundamentalmente de ação, de modos de relação, de valores etc. E quando os evangelhos falam do *pecado contra o Espírito Santo* (Mc 3,29; Mt 12,32; Lc 12,10), falam fundamentalmente do fechamento e da rejeição à ação de Deus em Jesus de Nazaré, atribuindo sua origem a Satanás.[21]

Por essa razão, para falarmos da espiritualidade cristã é necessário, antes de mais nada, voltarmo-nos para a vida concreta de Jesus de Nazaré, explicitando sua estrutura e seu dinamismo fundamentais. Só então, e confrontando essa estrutura e essa

---

[19] ELLACURÍA, Ignácio. Op. cit., 49.
[20] Ibidem.
[21] Cf. CODINA, Victor. Op. cit., 227-230.

dinâmica de vida com a estrutura e a dinâmica de nossa vida, poderemos afirmar se e em que medida vivemos uma espiritualidade autenticamente cristã. E para além de todo discurso e de toda confissão explícita de fé.

No que diz respeito à vida concreta de Jesus de Nazaré, ao seu dinamismo vital, à sua práxis, enfim, à sua vivência espiritual, ela tem a ver fundamentalmente com sua interação/relação com as demais pessoas e com Deus. E isso numa tal unidade que uma é inseparável da outra. O Espírito de Jesus, diz Ellacuría, se refere tanto "ao Deus que Jesus confessa como seu Pai" quanto "ao modo como Jesus estabelece sua relação com Deus na realização de sua vida e na práxis de sua missão".[22] Jesus age movido e na força do Espírito e nessa ação no Espírito é obediente e fiel a Deus como um filho é obediente e fiel ao seu Pai. De modo que tanto sua ação salvífica (reinado de Deus) quanto sua relação com o Pai (filiação) dão-se no Espírito Santo.

Por um lado, Jesus age movido e na força do Espírito Santo: "O Espírito do Senhor está sobre mim, porque ele me ungiu para que dê a boa notícia aos pobres; enviou-me para anunciar a liberdade aos cativos e a visão aos cegos, para pôr em liberdade os oprimidos, para proclamar o ano de graça do Senhor" (Lc 4,18s); "Deus ungiu com Espírito Santo e poder a Jesus de Nazaré, que passou fazendo o bem e curando todos os possuídos pelo diabo, porque Deus estava com ele" (At 10,38). É o Espírito que dinamiza e conduz a vida de Jesus e o faz de um modo muito concreto. Ao lermos as Escrituras, sobretudo os Evangelhos, somos imediatamente confrontados com a bondade e a misericórdia de Jesus para com os pobres, os órfãos, as viúvas e os estrangeiros. Ele aparece, antes de mais nada, como

---

[22] ELLACURIA, Ignacio. La Iglesia que nace del pueblo por el Espíritu. *Escritos Teológicos II*. San Salvador: UCA, 2000, 343-355, aqui 350.

uma pessoa boa, verdadeira, misericordiosa e justa: cura os doentes (cegos, surdos, coxos, leprosos...); liberta muitas pessoas do poder dos espíritos maus; acolhe pessoas consideradas pecadoras (publicanos, prostitutas, fariseus, samaritanas); senta-se à mesa e come com pecadores e desprezados; denuncia autoridades religiosas e políticas; relativiza a lei e o templo; afronta costumes e tradições que impedem ou dificultam a prática do bem e excluem pobres e fracos; iguala o amor a Deus ao amor ao irmão; estabelece as necessidades da humanidade sofredora como critério e medida de participação/exclusão na vida eterna, no reinado de Deus (Lc 10,25-37; Mt 25,31-46). E faz tudo isso em nome de Deus. Mais. Reconhece nessas práticas a ação mesma de Deus, a chegada de seu reinado, o poder e a força de seu Espírito.

Por outro lado, ao se deixar conduzir pelo Espírito de Deus, agindo segundo seu dinamismo, sua força e seu poder, Jesus revela tanto o Deus em quem crê quanto o modo como ele se relaciona com esse Deus. 1. O *Deus em quem Jesus crê*, a quem ele entrega sua vida, manifesta-se no modo como ele vive: ao agir com bondade e com misericórdia para com os caídos à beira do caminho, revela um Deus bondoso e misericordioso; ao acolher pessoas consideradas impuras e pecadores, revela um Deus que é perdão e gratuidade; ao socorrer as pessoas em suas necessidades e ao defender o direito dos pequenos e oprimidos, revela um Deus que é justiça; ao fazer sua as necessidades da humanidade sofredora, revela um Deus parcial e partidário dos pobres e oprimidos deste mundo; e assim por diante. Ora, se o Espírito de Deus age em e através de Jesus (Lc 4,18s) ou se Jesus age na força e no poder do Espírito de Deus (Mt 12,28), através de sua ação temos acesso a Deus e sabemos quem ele é. Conhecemos a Deus porque o vimos agir em Jesus. E em Jesus, Deus age como um Pai atento às necessidades e aos clamores de seus filhos:²³ "quem me vê, vê aquele que me enviou" (Jo 12,45; 14,7.9); "o Pai e eu somos um" (Jo 10,30). 2. Com esse Deus, Jesus estabelece uma *relação filial*. Relaciona-se com Ele como um filho se relaciona com seu pai. E num duplo sentido. Por um lado, como insiste o Evangelho de João, Jesus vem de Deus e sua vida consiste em fazer a vontade do Pai (Jo 5,30). Por outro lado, é obediente e fiel a Deus até a morte e morte de cruz (Fl 2,8). Na verdade, só quem experimenta a vida como dom e missão, só quem não é autossuficiente e egoísta, só quem não se basta a si mesmo, pode viver como filho, isto é, como quem sabe que não vem de si mesmo, que não tem em si mesmo a origem e o centro da própria vida e, consequentemente, que não pode viver para si. Viver como filho é viver segundo a vontade de Deus, sendo obediente e fiel aos seus desígnios.

Esses dois aspectos da vida espiritual de Jesus – sua ação salvífica e sua relação filial – implicam-se e condicionam-se mutuamente: em sua ação (realização do reinado de Deus), Jesus revela o Deus em quem crê (Pai) e é fiel e obediente a ele (Filho); o Deus em quem Jesus crê (Pai) se manifesta precisamente em sua vida/ação (reinado de Deus). Como bem afirma Gonzalez Faus, "o reino dá a razão de ser de Deus como *Abba* e a paternidade de Deus dá fundamento e razão de ser do Reino [...]. A experiência dessa vinculação *Abba*-Reino [...] constitui toda a chave daquilo que parece que Jesus pessoalmente vivia, constitui todo o horizonte daquilo que Jesus quis pregar e constitui todo o sentido do discipulado que, para Jesus, parece não ser mais do que uma introdução a essa experiência".²⁴

---

²³ CF. MUÑOZ, Ronaldo. *Trindade de Deus: amor oferecido em Jesus, o Cristo.* São Paulo: Paulinas, 2002, 28ss
²⁴ GONZALEZ FAUS, José Ignácio. *Acesso a Jesus*: ensaio de teologia narrativa. São Paulo: Loyola, 1981, 36.

E com isso voltamos ao cerne da problemática da espiritualidade cristã, enquanto experiência do Espírito de Jesus Cristo. Ela tem a ver com nossa relação com Deus (Pai/filho) e com os irmãos (salvação/fraternidade): "o Espírito Santo, que guiou o caminho histórico de Jesus para o Pai, realiza em nós [...] o que realizou nele. Faz que vivamos na filiação em relação a Deus e na fraternidade em relação aos homens".[25] E diz respeito à totalidade da nossa vida: todas as dimensões e todos os aspectos de nossa vida devem ser con*forma*dos ou con*figura*dos a Jesus, isto é, devem ser vividos segundo o seu Espírito – na força e no dinamismo de seu Espírito que é o Espírito de Deus. Daí por que a espiritualidade cristã não possa ser tratada como um departamento da vida nem muito menos reduzida a determinadas práticas ditas religiosas ou espirituais.

Embora não possamos oferecer aqui um tratamento adequado nem sequer um esboço suficientemente abrangente da espiritualidade cristã, indicaremos ao menos algumas dimensões e alguns aspectos que merecem uma atenção e um cuidado especial dos cristãos no cultivo e no dinamismo da dimensão espiritual de suas vidas.

1. Ela diz respeito tanto à *dimensão individual* quanto à *dimensão social* da nossa vida. Ambas devem ser vividas segundo o Espírito de Jesus Cristo. A espiritualidade não pode jamais ser reduzida ao âmbito da individualidade, como se ela não tivesse nada a ver com o modo como nos vinculamos uns aos outros e interagimos, e com o modo como organizamos e regulamos nossa vida coletiva; tampouco pode ser reduzida ao âmbito social, como se fosse possível uma sociedade nova com pessoas velhas. Daí por que, em se tratando de vida cristã,

---

[25] LADÁRIA, Luis F. *Introdução à antropologia teológica*. São Paulo: Loyola, 1998, 122s.

isto é, da con*figur*ação ou con*form*ação de nossa vida a Jesus Cristo, sejam necessárias tanto a *conversão do coração* (âmbito da individualidade) quanto a *transformação das estruturas da sociedade* (âmbito social) – pessoas novas e sociedade nova, ambas renascidas/recriadas na força e no dinamismo do Espírito de Jesus Cristo.

2. Tem uma dimensão de *interioridade* e uma dimensão de *exterioridade*. Certamente, a espiritualidade é algo que diz respeito ao mais profundo e ao mais íntimo de nossa vida. Conforma-a ou configura-a por dentro, para além de toda aparência e superficialidade. Mas não por isso deixa de ser algo visível e palpável; algo que se exterioriza. Pelo contrário, ela toma corpo, materializa-se, encarna-se no cotidiano de nossas vidas. E é aqui, precisamente, que se pode discernir o espírito que anima/dinamiza/conduz nossa vida: pelos frutos, conhece-se a árvore (Lc 6,43s); a fé se mostra pelas obras (Tg 2,18). Para sabermos se vivemos segundo o Espírito de Jesus Cristo, precisamos ver se vivemos como ele viveu, se agimos como ele agiu, se produzimos os frutos que ele produziu. Os discursos espirituais intimistas (pura interioridade) são, no fundo, uma maneira muito sutil de ofuscar o verdadeiro espírito que anima e dinamiza nossa vida.

3. Na medida em que a espiritualidade tem a ver com o nosso dinamismo vital, com o jeito como vivemos, ela diz respeito tanto ao modo como sentimos e os sentimentos que alimentamos quanto às decisões que tomamos. Envolve, portanto, *sentimento* e *decisão* como momentos constitutivos da ação humana: os sentimentos condicionam e interferem nas decisões, mas podem ser modificados/convertidos mediante decisões; as decisões são condicionadas pelos sentimentos, mas podem alterá-los e adequá-los a seus projetos. Daí por que a configuração de nossa vida a Jesus Cristo implique tanto em ter os

mesmos sentimentos que ele tinha (Fl 2,5; Mt 14,14) quanto em agir como ele agia (1Jo 2,6). É porque sentia compaixão e misericórdia pelos caídos que se dedicava a curar suas feridas (Lc 10,25-37). Quando as opções/decisões não convertem os sentimentos a seus projetos, acabam, mais cedo ou mais tarde, sendo vencidas por eles ou degenerando-se em ativismo.

4. Enquanto con*forma*ção ou con*figura*ção de nossa vida a Jesus Cristo, a espiritualidade tem um momento de *opção pessoal* intransferível e irrecusável. Não é algo natural: ninguém nasce cristão; torna-se cristão, mediante uma opção. Ninguém é obrigado a viver como Jesus viveu. Esta é uma possibilidade, mas uma possibilidade que só se efetiva na medida em que alguém opta por ela e se apropria dela. Além do mais, trata-se de uma *opção condicionada* pelas circunstâncias e situações individuais e coletivas que nos tocam viver. Afinal, a espiritualidade não é outra coisa senão um modo concreto de viver a *nossa* vida. No caso da espiritualidade cristã, trata-se de viver a *nossa* vida segundo o Espírito de Jesus de Nazaré. E é isto que faz com que a espiritualidade cristã esteja sempre referida à vida concreta de Jesus de Nazaré e à vida concreta de seus seguidores.

5. A vida espiritual não se opõe à atividade intelectiva; espírito não é sinônimo de ignorância nem o Espírito Santo pode ser tratado como "asilo de ignorância",[26] a quem apelamos quando não compreendemos ou não conseguimos explicar algo. A *inteligência* é um momento fundamental de nossa vida espiritual que deve ser vivida com lucidez e criticidade. O cristão não pode renunciar jamais à tarefa de dar razão de sua fé (2Tm 1,12). É claro que não se deve cair na tentação intelectualista/

---

[26] Cf. PANNENBERG, Wolfhart. *Grudfragen systematischer Theologie*. Göttingen: Vandenhoeck & Ruprecht, 1967, 235.

racionalista que, além de depreciar o sentimento e negar o que não consegue explicar, acaba reduzindo a espiritualidade a confissão de doutrinas. Mas é preciso ficar muito alerta contra a tentação sentimentalista e fundamentalista que, além de opor sentimento e inteligência e de acentuar unilateralmente o sentimento em prejuízo da inteligência, transforma a fé num ato irracional ou numa atitude de pessoas ignorantes.

6. Profundamente vinculada à dimensão intelectiva da vida espiritual está sua *expressão simbólico-ritual-litúrgica*. É aqui onde ela se expressa de modo mais explícito e intenso. Daí por que a tentação constante de identificar e reduzir a vida espiritual com sua expressão e celebração simbólico-ritual. Quantas vezes ouvimos falar em encontros pastorais e mesmo em movimentos populares de "momento da espiritualidade" ou "momento da mística", como se espiritualidade e mística fossem sinônimos de oração, ritos, símbolos, dinâmicas etc. Sem falar que muitas dessas expressões simbólico-rituais utilizadas pelos cristãos e suas comunidades expressam muito pouco (quando não o contrário) o dinamismo de vida de Jesus de Nazaré e do Espírito que o anima e o conduz. Valeria a pena confrontar a "estética" palaciana de nossas liturgias (altar-cátedra, vestimentas e objetos litúrgicos, títulos, Deus todo-poderoso etc.)[27] com a "estética" evangélica da vida Jesus (Belém, lava-pés, Calvário, Deus todo-misericordioso etc.).

---

[27] "Com a integração da Igreja no Império Romano no século IV, a ideologia imperial entrou profundamente na teologia oficial da corte e influenciou grandes setores da Igreja, sobretudo no Oriente. Cristo foi representado como Imperador e Deus era o Superimperador. Os atributos do poder foram destacados com muita força. A ideologia imperial teve muita influência nas liturgias cristãs e ela ainda sobrevive nas liturgias atuais" (COMBLIN, José. O pobre: critério para a profecia, in OLIVEIRA, Pedro Ribeiro (org.). *Opção pelos pobres no século XXI*. São Paulo: Paulinas, 2011, 139-201, aqui 190).

7. Por fim, há um aspecto fundamental e decisivo na espiritualidade cristã que, embora nunca se tenha perdido completamente na tradição da Igreja, foi redescoberto e reafirmado de modo particular pela Igreja latino-americana e sua teologia da libertação: a *centralidade dos pobres e oprimidos*. É o Espírito que conduz Jesus aos pobres e oprimidos deste mundo e é na força e no poder do Espírito que Jesus age em favor dos pobres e oprimidos. A ação do Espírito, tal como se dá na vida de Jesus de Nazaré, está de tal modo vinculada às necessidades dos pobres e oprimidos que eles se tornam critério e medida de nossa comunhão com Jesus e com o Pai e, assim, de nossa participação na vida eterna (Lc 10,25-37), no reinado de Deus (Mt 25,31-46). Como diz São Romero de América, "há um critério para saber se Deus está perto ou distante de nós: todo aquele que se preocupa com o faminto, com o desnudo, com o pobre, com o desaparecido, com o torturado, com o prisioneiro, com toda essa carne que sofre, está perto de Deus".[28] Nesse sentido compreende-se bem a afirmação escandalosa de Jon Sobrino: "fora dos pobres não há salvação".[29] E aqui, precisamente, reside o maior escândalo, perigo e desafio da vida cristã.

Em conclusão: a espiritualidade cristã como seguimento de Jesus Cristo

Conforme vimos no item anterior, a espiritualidade cristã tem a ver, fundamentalmente, com a *experiência do Espírito de Jesus Cristo: viver segundo o seu Espírito*, o que significa *viver como ele viveu e do que ele viveu*. Trata-se, portanto, de

---

[28] ROMERO, Mons. Oscar. *Su pensamiento III*. San Salvador: UCA, 2000, 194. "Deus quis se identificar de tal maneira com o pobre que os méritos de cada um e de uma civilização serão medidos pelo trato que tenhamos para com o necessitado e o pobre" (ibidem).
[29] Cf. SOBRINO, Jon. *Fora dos pobres não há salvação*: pequenos ensaios utópico-proféticos. São Paulo: Paulinas, 2010.

um modo concreto de viver e dinamizar a própria vida, conformando-a ou configurando-a a Jesus de Nazaré.

É nesse sentido que se pode e se deve falar da espiritualidade cristã como *seguimento de Jesus Cristo*: seguir seus passos, prosseguir sua missão, atualizar seu modo de vida. "Seguir a Jesus é *pro*-seguir sua obra, *per*-seguir sua causa e *con*-seguir sua plenitude".[30] Isto é o que significa viver segundo seu Espírito. E é nisso, precisamente, que consiste a vida cristã. Jon Sobrino chega, inclusive, a tomar o "seguimento de Jesus" como a "fórmula breve do cristianismo",[31] como "sinônimo de totalidade da vida cristã".[32]

Se o Espírito de Jesus se manifesta no modo concreto como ele viveu, só na medida em que o seguimos, isto é, em que vivemos como ele viveu, em que reproduzimos/atualizamos seu modo de vida (seguimento) podemos afirmar que vivemos segundo seu Espírito (espiritualidade). E não há, aqui, nenhum reducionismo ativista e/ou imanentista. Afinal, "se o caminho de Deus aos homens é Jesus de Nazaré, o caminho do homem a Deus é o seguimento desse mesmo Jesus de Nazaré".[33] De modo que a *espiritualidade cristã* nada mais é que o *seguimento de Jesus Cristo*.

---

[30] BOFF, Leonardo. *Jesus Cristo libertador*. Petrópolis: Vozes, 1991, 35.
[31] SOBRINO, Jon. Seguimento de Jesus, in FLORISTÁN-SAMANES, Cassiano; TAMAYO-ACOSTA, Juan-José. *Dicionário de Conceitos Fundamentais do Cristianismo*. São Paulo: Paulus, 1999, 771-775, aqui 771. Sobre o seguimento de Jesus em Jon Sobrino, cf. BOMBONATTO, Vera Ivanise. *Seguimento de Jesus*: uma abordagem segundo a cristologia de Jon Sobrino. São Paulo: Paulinas, 2002; idem. O seguimento de Jesus: categoria cristológica, in SOARES, Afonso Maria Ligorio (org.). *Dialogando com Jon Sobrino*. São Paulo: Paulinas, 2009, 21-52.
[32] SOBRINO, Jon. Espiritualidade e teologia, in *Espiritualidade da libertação*: estrutura e conteúdos. São Paulo: Loyola, 1992, 59-96, aqui 67.
[33] ELLACURÍA, Ignácio. Esbozo para una carta pastoral, in *Escritos Teológicos II*, 623-661, aqui 642.

Espiritualidade das CEBs*

O 11º Intereclesial das Comunidades Eclesiais de Base do Brasil aconteceu na Diocese de Itabira – Coronel Fabriciano-MG, em julho de 2005. O tema do encontro foi "CEBs: Espiritualidade libertadora" e o lema "Seguir Jesus no compromisso com os excluídos".

Espiritualidade tem sido uma das palavras mais usadas na Igreja nos últimos tempos. Todo mundo fala disso. É como se fosse o ponto de encontro de todas as pessoas e de todos os grupos na Igreja. Mas será que, quando se fala de espiritualidade, se fala sempre da mesma "coisa"? O que é mesmo espiritualidade? Qual a espiritualidade das Comunidades Eclesiais de Base?

Para conhecermos verdadeiramente as CEBs precisamos conhecer sua espiritualidade, e para conhecermos verdadeiramente a espiritualidade das CEBs, precisamos conhecer seu jeito de ser Igreja. Há uma relação muito estreita entre a espiritualidade e o jeito de ser Igreja das CEBs. Seu jeito de ser Igreja é sua espiritualidade encarnada e esculpida.

---

* Publicado em *Grande Sinal* 58 (2004) 557-563. Este texto foi preparado para o encontro de animação e articulação das Comunidades Eclesiais de Base (CEBs) da Diocese de Limoeiro do Norte-CE. Sua linguagem coloquial, o estilo concentrado e resumido de sua reflexão e a ausência de citações e referências bibliográficas se explicam a partir de seus destinatários: animadores/as de grupos ou comunidades, a maioria iniciantes, pouco afeitos ao estudo e à reflexão. Para um maior aprofundamento da reflexão aqui iniciada, cf. os verbetes "Espiritualidade" e "Seguimento de Jesus" de Ignácio Ellacuría e Jon Sobrino, respectivamente, publicados em FLORISTAN SAMANES, Cristiano e TAMAYO-ACOSTA, Juan-José. *Dicionário de Conceitos Fundamentais do Cristianismo*. São Paulo: Paulus, 1999, 240-245 e 771-775, respectivamente.

1. Nossa espiriritualidade

Falar de espiritualidade é falar da experiência do Espírito – falar do que ele faz em nós e de nós e do que nós fazemos nele e com ele. Nesse sentido, ela não pode ser entendida como algo que se opõe ou nega nossa vida. Pelo contrário. Ela diz respeito a "um jeito" de viver a vida no e com o Espírito.

Quando falamos de espiritualidade cristã, falamos da experiência do Espírito de Jesus Cristo – do que Ele faz em nós e de nós e do que nós fazemos n'Ele e com Ele no dia a dia de nossa vida. O mesmo Espírito que fez de Jesus de Nazaré o Cristo (ungido, messias) é o que faz de nós cristãos (ungidos, messias). Por isso, para sabermos se o espírito que age em nós e no qual e com o qual agimos é o mesmo Espírito que agiu em Jesus e no qual e com o qual ele agiu, precisamos ver se ele faz em "nossa carne" (vida) o que fez na "carne" (vida) de Jesus (1Jo 4,2s).

Encarnação

O Espírito não tirou Jesus do mundo nem o distanciou dos problemas do seu tempo. Quanto mais Jesus orava, quanto mais estava unido ao Pai e ao seu Espírito Santo, mais se interessava pela vida de seu povo, sobretudo dos pobres e dos marginalizados. É por isso que ao confessarmos Jesus como Palavra de Deus, o confessamos como Palavra encarnada: "E a Palavra se fez carne e acampou entre nós" (Jo 1,14). E Palavra encarnada no mundo dos pobres: "tomou a condição de escravo" (Fl 2,7). Qualquer espírito que nos desencarne do mundo, do mundo dos pobres, é espírito do anticristo (1Jo 4,3). Uma espiritualidade que nos distancie da realidade, das pessoas, de seus problemas... não é espiritualidade cristã. A primeira característica da espiritualidade cristã é, portanto, a encarnação, e encarnação no mundo dos pobres: participação na sua vida, nos seus problemas, nas suas lutas, nos seus fracassos e nas suas vitórias.

Missão

Mas além de levar Jesus a se encarnar no mundo dos pobres, o Espírito Santo confiou uma missão a Jesus: "O Espírito do Senhor está sobre mim, porque ele me ungiu para que dê a Boa-Notícia aos pobres; enviou-me para anunciar a liberdade aos cativos e a visão aos cegos, para pôr em liberdade os oprimidos e para proclamar o ano da graça do Senhor" (Lc 4,18-19). O Espírito não nos desresponsabiliza do mundo. Pelo contrário. Temos a missão de salvar o mundo. E salvá-lo de todas as formas de pecado: egoísmo, injustiça, opressão, discriminação, pobreza, riqueza... Uma espiritualidade que faz com que a gente não se preocupe com as coisas deste mundo, com a vida e a morte dos pobres, não é espiritualidade cristã. Se Jesus, ungido por Deus com o Espírito Santo, passou neste mundo fazendo o bem (At 10,38) – curando doentes, libertando dos espíritos maus, acolhendo pecadores, sentando-se à mesa com pessoas malvistas –, seus seguidores, ungidos com o mesmo Espírito, devem fazer o mesmo. Esta é a segunda característica da espiritualidade cristã.

Cruz

Encarnar-se no mundo dos pobres e encarregar-se dele não é nada fácil nem tranquilo. Nosso mundo é um mundo dividido entre pobres e ricos, opressores e oprimidos... E nele a gente sempre está de um lado. Não existe neutralidade. Estar de um lado significa estar em conflito com o outro. Jesus viveu permanentemente em conflito. Foi um homem em conflito. Estar do lado do pobre, do órfão, da viúva e do estrangeiro significou estar em conflito com os ricos e poderosos políticos e religiosos. O conflito foi tão grande que chegou à cruz. Ele foi assassinado! E ainda hoje é do mesmo jeito: ficar do lado dos trabalhadores das indústrias em nossa região (Delmont, Dakota, Agabê, Compescal...) significa estar em conflito com os donos dessas indústrias; ficar do lado das comunidades pobres atingidas pela Barragem Castanhão significa estar em conflito com os grandes empresários e produtores que realmente se beneficiarão do Castanhão; ficar do lado das comunidades pesqueiras significa estar em conflito com os grandes "produtores" e exportadores de camarão; ficar do lado dos agricultores assentados significa estar em conflito com a política agrícola empresarial que faz com que os grandes empresários se apropriem dos projetos de irrigação (Jaguaribe Apodi e Tabuleiro de Russas); defender a dignidade das mulheres significa estar em conflito com as pessoas machistas... O conflito é uma consequência da missão: "Se me perseguiram, também a vós perseguirão" (Jo 15,20). Estar bem e em paz com os exploradores e opressores do povo é sempre um sinal de infidelidade à missão. O conflito por causa da vida e da dignidade dos pobres é a terceira característica da espiritualidade cristã.

Ressurreição

Quem se deixa conduzir pelo Espírito do Pai, encarnando-se no mundo dos pobres e encarregando-se dele, não obstante o conflito, a perseguição e até mesmo a morte, como Jesus, participa, já, aqui e agora, da vida do Espírito. Vive em Deus. Conhece a Deus. Está na Vida Eterna que é a vida do Eterno (Jo 17,3). Vive do e no Ressuscitado – como ressuscitado. Nem o conflito, nem a perseguição, nem a morte são um limite instransponível para a comunhão com Deus. A ressurreição, como expressão máxima da comunhão de Jesus com o Pai, na vida e na morte, é a garantia e a certeza que temos do caminho de Jesus. É por isso que se dizia na mensagem final do 9º Intereclesial das CEBs em São Luís do Maranhão (1997): "Vida vivida como Jesus é vida vitoriosa, mesmo se crucificada". E esta é a quarta característica da espiritualidade cristã – vivendo como Jesus, vivemos em Deus.

Essa é a espiritualidade cristã e, portanto, a espiritualidade das Comunidades Eclesiais de Base: a experiência do Espírito de Jesus Cristo que nos faz um com Ele, seu corpo vivo e atuante na história.

Na perspectiva cristã, uma pessoa/comunidade é mais ou menos espiritual na medida em que deixa o Espírito de Jesus agir em sua vida e na medida em que vive e age de acordo com esse mesmo Espírito. Espiritual, portanto, não é quem pratica muitas "obras [ditas] espirituais" (terço, novena, missa, caminhada, promessa, louvor, jejum...), mas quem vive como Jesus viveu: "Religião pura e irrepreensível aos olhos de Deus Pai consiste em cuidar de órfãos e viúvas em suas necessidades e em não se deixar contaminar pelo mundo" (Tg 1,27)!

2. Nosso jeito de ser Igreja

É a experiência do Espírito de Jesus Cristo (espiritualidade) que vai formando e moldando as Comunidades Eclesiais de Base. O Espírito vai fazendo a Igreja de um jeito, de um modo. E a Igreja vai nascendo como carne (encarnação) do Espírito, como seu corpo na história. Se não podemos falar das CEBs sem falar de sua espiritualidade, também não podemos falar da espiritualidade das CEBs sem falar de seu jeito de ser Igreja.

Comunidade

As CEBs não são apenas punhados de gente ou aglomerados de pessoas. São comunidades. Nelas, todos os seus membros são importantes. Todos participam. Aqui não o "cada um por si". A regra é "um por todos e todos por um". O que faz a comunidade é a vida em comum. Nela, a gente está unido uns aos outros. Os outros fazem parte da minha vida e eu faço parte da vida dos outros. O que acontece com os outros, de algum modo, acontece comigo. A comunidade ajuda a gente a enfrentar e a romper com o egoísmo, a pensar nos outros e a viver para os outros. Ninguém é feliz sozinho. A felicidade só é possível na convivência, na solidariedade, na comunhão fraterna.

Eclesial

É o Espírito de Jesus Cristo que reúne as pessoas e forma a comunidade. As CEBs são comunidades eclesiais. São Igreja de Jesus Cristo, seu corpo vivo e operante na história. E enquanto Igreja de Jesus Cristo, vive como ele viveu: encarnada no mundo dos pobres, encarregada (de cuidar) da vida dos pobres, carregando sua cruz (conflito, perseguição, morte) e, assim, participando da vida e condição divinas – sendo "Corpo de Cristo". Numa palavra, as CEBs são comunidades de seguidores e seguidoras de Jesus Cristo. É o seguimento que faz a comunidade eclesial. Nela, Jesus Cristo continua presente e atuante no mundo.

Base

As CEBs são a Igreja da base. Base significa, aqui, duas coisas: 1. O chão, o alicerce, a "célula inicial", o "primeiro e fundamental núcleo eclesial" (Medellín 15, III, A, 1); 2. A "Igreja dos pobres" (João XXIII), a "expressão do amor preferencial da Igreja pelo povo simples" (Puebla 643). A Igreja da base é, portanto, constituída por pequenas comunidades de pobres e de pessoas solidárias aos pobres que estão a serviço dos pobres. Nas palavras do teólogo Clodovis Boff, "à irrenunciável 'opção preferencial pelos pobres' em nível de sociedade corresponde a 'opção preferencial pelas CEBs' em nível de constituição da Igreja".[1]

CEBs são, portanto, um *jeito de ser Igreja*, caracterizado pelo comum (comunidade) seguimento de Jesus Cristo (eclesial) a partir e a serviço dos pobres (base). Esse jeito de ser Igreja é fruto da *experiência do Espírito de Jesus Cristo* (espiritualidade) que faz a comunidade eclesial se encarnar no mundo dos pobres, na base (encarnação), encarregar-se da vida dos pobres (missão), apesar dos conflitos e das perseguições (cruz) e, dessa forma, participar da vida e da condição divinas (ressurreição). É o seguimento de Jesus Cristo (espiritualidade) que configura a Igreja como Comunidade Eclesial de Base (jeito de ser Igreja). E é nesse jeito de ser Igreja que o Espírito de Jesus Cristo toma corpo e prossegue, vivo e atuante, na história. O Espírito Santo é "alma" das CEBs e as CEBs são o "corpo" em que a Palavra de Deus, através do Espírito Santo, continua se fazendo carne neste mundo.

Em síntese, falar da espiritualidade das CEBs é falar de sua experiência do Espírito de Jesus Cristo: falar do que Ele faz em nossa Igreja e de nossa Igreja e do que nossa Igreja faz (ou não) n'Ele e com Ele.

---

[1] BOFF, Clodovis. CEBs: a que ponto estão e para onde vão, in BOFF, Clodovis et al. *As comunidades de base em questão*. São Paulo: Paulinas, 1997, 251-305, aqui 305.

Entre ruas: fé e esperança de um povo
Espiritualidade da Pastoral do Povo da Rua

Este texto foi escrito para uma cartilha da Pastoral do Povo da Rua – "um instrumento de ação e reflexão na caminhada junto ao povo da rua". A Cartilha tinha como título *Pastoral do Povo da Rua: vida e missão*[1] e foi organizada em três partes: "Entre ruas: vida e morte de um povo"; "Entre ruas: fé e esperança de um povo"; "Entre ruas: um jeito de ser Igreja". O texto que segue corresponde à segunda parte da cartilha e pretende explicitar o lugar no qual se situa a Pastoral do Povo da Rua e os interesses a partir e em função dos quais ela compreende a realidade e nela intervém. Noutras palavras, com que olhos ela vê a realidade? Com que coração dela se aproxima? Que Espírito a move precisamente numa direção e não noutra qualquer? Em "quem deposita a sua fé" (2Tm 1,12)? A que Deus serve? Enfim, qual a espiritualidade da Pastoral do Povo da Rua.

1. Nosso lugar, nosso sonho, nosso caminho... nosso Deus

Veja com quem anda, o que faz, o que deseja, o que causa – realmente! – alegria em sua vida... e verá, sem maiores dificuldades, quem é seu Deus. É que o "nosso Deus" é conhecido não tanto pelo que dizemos a seu respeito, mas, antes, pelo

---
[1] COORDENAÇÃO DA PASTORAL DO POVO DA RUA. *Pastoral do Povo da Rua*: vida e missão. São Paulo: Loyola, 2003.

que fazemos, pela maneira como vivemos. Aliás, o Deus real e verdadeiro (o Deus de Jesus Cristo) se deu a conhecer não através de discursos ou doutrinas, mas de sua ação libertadora/salvífica junto a um povo oprimido e excluído. Vale ressaltar: não a qualquer povo nem com qualquer ação, mas a um povo oprimido e com uma ação libertadora/salvífica. De modo que a única forma correta de falar desse Deus é falar de sua ação junto a esse povo. Só o conhecemos através dessa ação! E, consequentemente, a única forma correta de servi-lo é prosseguir – dar prosseguimento a – sua ação na história junto aos povos oprimidos e excluídos. Portanto, se queremos dar a conhecer o Deus em quem a Pastoral do Povo da Rua (seus agentes, sua estrutura, seus objetivos, sua metodologia, suas prioridades etc.) deposita sua fé, a quem serve, só poderemos fazer narrando sua ação junto ao povo da rua. Ação que dá prosseguimento à ação do Deus de Jesus Cristo junto aos pobres. E é isso que tentaremos fazer a partir de agora: narrar as maravilhas e as lágrimas do Deus de Israel – o Pai de Jesus Cristo – nas ruas das nossas cidades; partilhar com vocês o "maná" com que Ele continua alimentando seu povo neste deserto urbano; cantar sua glória, ainda que crucificada; chorar sua cruz, ainda que gloriosa. Para isso, tiremos as sandálias dos pés, porque esta terra – de Deus e dos pobres – é uma terra santa, ainda que pecadora (Ex 3,5).

2. Deus libertador/criador

A história de Deus com Israel coincide com a história do seu processo permanente de libertação e, consequentemente, com o conflito e o confronto permanentes com todos os seus opressores. Só nesta história de libertação e conflito podemos conhecer a Deus. E, nela, Deus está de um lado. É um Deus partidário, parcial. Por outro lado, só através de sua relação com Deus – fidelidade ou infidelidade – conhecemos quem é Israel.

Na origem desta história estão os lamentos do povo escravizado no Egito e a *re-ação* de Deus. Trata-se de uma *re-ação* diante de um povo que clama (o texto diz apenas que o povo clama, lamenta. Nada mais. Não diz a quem clama, nem por que clama. Simplesmente clama. E isso basta para que Deus aja): "Os filhos de Israel gemeram do fundo de sua servidão e clamaram. Do fundo da servidão o seu clamor subiu até Deus" (Ex 2,23); e de uma *re-ação* que é verdadeiramente libertação/salvação: "Desci para libertá-lo da mão dos egípcios e fazê-lo subir desta terra para uma terra boa e vasta, uma terra que mana leite e mel" (Ex 3,8).

Nessa história, Deus e o povo caminham deserto adentro e afora. As tentações são permanentes: os desafios do caminho e o medo de uma situação ainda pior que a anterior desperta no povo a "saudade" do Egito e a vontade de recuar (Ex 14,10ss; 16,3). O desejo de se transformar em um "novo" faraó e oprimir seus irmãos, bem como o uso da religião para legitimar sua opressão, é uma ameaça (realizada!) permanente, contra a qual os profetas não se cansam de denunciar.

Não obstante as tentações, o esquecimento, a infidelidade, o pecado de Israel, Deus continua fiel a seu povo – animando, consolando, conduzindo, salvando... E é nesta fidelidade que vai sendo reconhecido como único e verdadeiro Deus, em quem se pode confiar, porque o único que realmente liberta/salva e dá vida.

Essa fidelidade de Deus estabelece um vínculo, um pacto, no qual ambos se sentem "obrigados", Deus e o povo. Um povo liberto/salvo torna-se portador de libertação/salvação. É isso o que se torna Israel: portador de libertação/salvação, mesmo quando "resto", "minoria". Nas palavras do profeta Isaías, "luz para as nações" (Is 42,6; 49,6), "salvação" para a terra (Is 49,6).[2] Quem diria!? De escravos a portadores de luz e salvação para o mundo!

3. Jesus Cristo libertador/salvador

Jesus, confessado como Cristo, faz parte desse povo com quem Deus estabeleceu um pacto/aliança e ao qual se mostra sempre fiel. Só a partir desse povo e dessa aliança nós o compreendemos realmente. Por outro lado, através de sua vida, compreendemos melhor e verdadeiramente esse povo e essa aliança, em última instância, Deus mesmo. Noutras palavras, na vida de Jesus de Nazaré transparece e se atualiza, simultaneamente, a fidelidade de Deus e de seu povo. O verdadeiro Deus e o verdadeiro Israel.

Em Jesus, Deus continua sendo Deus libertador e criador. Sua presença e proximidade são tais que pode ser chamado *Abba*, paizinho: n'Ele podemos confiar, jogar-nos; d'Ele vêm a salvação e a vida. Mais. Em Jesus, Deus permanece o Deus dos pobres, dos oprimidos. Seu reinado consiste precisamente em recuperar a vista dos cegos, curar os doentes, libertar os cativos, fazer sentarem-se à mesa os excluídos, enfim, anunciar/realizar a Boa-Notícia aos pobres. Sua identificação com os pobres é tal que participa de seu destino: a cruz. É um Deus crucificado!

Em Jesus, Israel é fiel ao pacto/aliança com Deus e *pro-segue* sua ação libertadora/salvífica na história: assume sua "obrigação", enquanto povo liberto/salvo, de ser portador de libertação/salvação. Foi isso o que Jesus fez e foi para isso que Ele

---

[2] Sobre os cânticos do Servo de Javé, cf. MESTERS, Carlos. *A missão do povo que sofre*. Petrópolis: Vozes, 1994.

veio. N'Ele e com Ele a ação de Deus *pro-segue* na história e é levada à plenitude. A isso chamou reinado ou governo de Deus na história, a vida vivida segundo Deus. E fez desse reinado a causa absoluta de sua vida. Jesus nunca se pregou a si mesmo nem a Deus simplesmente (pensado em si mesmo, sem referência intrínseca e constitutiva aos pobres), mas sempre o Deus do Reino e o Reino de Deus.[3]

O reinado de Deus diz respeito, portanto, à realidade mais profunda e mais fundamental de Deus e de seu povo. Ambos se constituem e se definem por sua fidelidade aos pobres da terra através de uma ação libertadora/salvífica: "Todas as vezes que o fizestes a um destes mais pequeninos, que são meus irmãos, foi a mim que o fizestes" (Mt 25,40), "cada vez que não o fizestes a um destes mais pequenos, a mim também não fizestes" (Mt 25,43). Em Jesus, os pobres continuam os destinatários da ação de Deus e, enquanto tais, continuam sendo seus portadores privilegiados. E feliz de quem não se escandalizar com isso (Lc 7,23)!

4. Espírito Santo libertador/santificador

Até hoje, Deus continua fiel a seu povo. Através do seu Espírito Santo continua libertando seu povo da escravidão e devolvendo-lhe a vida. Nos últimos tempos, tem-se falado muito do Espírito Santo em nossa Igreja. No entanto, nem sempre o que se fala a seu respeito nem a forma como se fala corresponde ao que dele nos deu a conhecer Jesus Cristo. Ele, que agiu sempre no Espírito, é quem nos dá a conhecer realmente o espírito. Portanto, o critério para sabermos se se trata ou não do

---

[3] A cristologia "moderna" redescobriu a centralidade do reinado do *Abba* na vida de Jesus (cf. JEREMIAS, Joachim. *Teologia do Novo Testamento*. São Paulo: Paulinas, 1977; SOBRINO, Jon. *Jesus, o Libertador*: a história de Jesus de Nazaré. Petrópolis: Vozes, 1996).

Espírito Santo não é o sentimentalismo, o "êxtase" ou fenômenos parecidos, mas a "carne de Jesus": o que ele disse e fez, de quem e como se aproximou, a quem tocou, com quem e por que entrou em conflito, enfim, sua vida concreta – "Todo o espírito que confessa Jesus Cristo vindo na carne é de Deus" (1Jo 4,2). Noutras palavras, o critério para saber se se trata do Espírito de Deus ou não é ver se faz em nossa "carne" o que fez na "carne" de Jesus: *pro-seguir* com a ação do Pai junto aos pobres. De modo que falar do Espírito Santo é continuar falando dessa ação de Deus na história. Ação que é sempre uma *re-ação* aos lamentos/clamores dos pobres e *re-ação* libertadora/salvífica. De muitas formas e em muitos lugares, ainda hoje, os mesmos lamentos/clamores e a mesma reação libertadora/salvífica. Os moradores de rua que o digam!

Os clamores que sobem das ruas de nossas cidades são tantos e tão profundos que não raras vezes (des)articulam-se no silêncio e na mudez impostos.

No meio desses clamores, Deus intervém, através do seu Espírito Santo, e de forma muito real e concreta. E se intervém é porque escuta esses clamores e se compadece desse povo. É comum ouvir dos moradores de rua confissões simples e verdadeiras da proximidade/presença libertadora/salvífica de Deus. Não se trata de uma presença qualquer, uma entre tantas outras, mas daquela presença última e definitiva, que se faz sentir, sobretudo, quando a solidão é quase absoluta; daquela presença consoladora que faz com que não se entreguem os pontos; presença-luz no fim do túnel; presença-água no fundo do poço e/ou no meio do deserto. Trata-se, portanto, daquela presença fiel e paternal/maternal, não obstante a infidelidade – ruptura da fraternidade/filiação.

4.1 Na luta pela sobrevivência

Um sinal da presença e ação do espírito junto a seu povo nas ruas das nossas cidades é a resistência à morte e a luta pela sobrevivência. É impressionante a vontade de viver do povo na rua. Mais que ninguém, ele sabe o "preço" da vida. Na rua se faz de tudo para se viver. Até coisas "fora da lei" e "imorais". Dá-se sempre um jeito. E nesse jeito transparece, atualiza-se e *pro-segue*, com todas as ambiguidades e pecaminosidades existentes, e ainda que no escondido, no segredo (Is 45,15; Mt 66), a ação de Deus.

Uma expressão muito comum entre os moradores de rua e que pode nos ajudar a compreender a densidade teologal (que envolve e dá acesso a Deus) e teológica (que diz respeito a Deus mesmo) dessa resistência à morte e a luta pela sobrevivência é "pegar trecho". Ela diz, em primeiro lugar, do fato de muitas pessoas andarem de cidade em cidade, de estado em estado por este Brasil afora, fugindo da dura situação em que se encontram, e em busca da sobrevivência.

Trata-se, sem dúvida, de um experiência muito dura e dramática, como deixa transparecer Roger, ex-morador de rua de Belo Horizonte: "O momento mais duro e difícil na rua é quando você pega o trecho e sai sem rumo ou destino. Você não sabe o que vai acontecer e tem que estar preparado para tudo. Até para o pior. Todos os que já pegaram o trecho sabem o que é isso".

Mas, apesar dessa dureza e dramaticidade, e justamente nela e por causa dela, vive-se outra experiência, não menos real e verdadeira, que é a luta pela sobrevivência. Ela se revela em última instância como um "não entregar os pontos", um "não se render", um "ir à luta". O trecho não é apenas o lugar da provação, da dramaticidade, da fuga. Como o deserto, ele é também o lugar da possibilidade, o lugar da busca, da luta: "a esperança é a última que morre", "quem não arrisca não petisca", "se correr o bicho pega, se ficar o bicho come, a saída é enfrentar o bicho" etc. Pegar o trecho é "levantar a cabeça", "esperar contra toda esperança", "não entregar os pontos", ir à luta, defender a vida, recuperar a vida. E nessa labuta, a ação libertadora/salvífica e criadora do Deus de Jesus *pro-segue* por esse deserto, que são as ruas das nossas cidades.

4.2 Na solidariedade

Outro sinal da presença e ação do Espírito Santo junto ao povo da rua, e que prolonga e alimenta o sinal anteriormente comentado, é a solidariedade que vai nascendo entre os moradores de rua, mesmo que condicionada ou obrigada pela situação de miséria em que se encontram. Pouco importa. O que, de fato, importa é que ela existe, é real. E de muitas formas: na partilha da comida, do cigarro, da cachaça, do papelão, da roupa, do calçado etc. (já vi na rua dar ao irmão a única roupa que tinha na sacola, repartir o único "marmitex" de comida etc.), no cuidado dos que estão doentes (chamando ambulância, fazendo companhia, prestando primeiros socorros etc.); na indignação contra o preconceito e a violência policial; nas gargalhadas; nas comemorações; nas rodas de cachaça, comida e cantigas; no fogo que aquece a madrugada fria etc.

É verdade que não existe apenas isso na rua e que a mesma pessoa que vive essas experiências divide, violenta, rouba, mata etc. os próprios irmãos de rua. É a pecaminosidade que resiste e vive nas ruas da cidade. E não há como nem por que negar. Mais que ninguém, os próprios moradores de rua são conscientes disso, a ponto de muitas vezes não conseguirem se enxergar mais do que como pecadores. É difícil convencê-los de que na sua vida e na rua há algo mais que pecado. E é esse algo mais que pecado (sem negá-lo, evidentemente) que queremos destacar.

Apesar de tudo o que vivem e da situação-limite em que se encontram, eles ainda têm esperança, ainda lutam e, por incrível que pareça, ainda são capazes de solidariedade, ainda se preocupam com os companheiros e os ajudam. Jon Sobrinho, teólogo salvadorenho, diz que gosta de pensar "que nessa decisão primária de viver e dar vida aparece como que uma santidade primordial, que não se pergunta se é virtude ou obrigação, se é liberdade ou necessidade, se é graça ou mérito. Não é a santidade reconhecida nas canonizações, mas que bem pode ser apreciada por um coração limpo. Não é a santidade das virtudes heroicas, mas de uma vida realmente heroica. Não sabemos se esses pobres que clamam por viver são santos intercessores ou não, mas movem o coração. Podem ser santos pecadores, se se quer, mas cumprem insignemente com a vocação primordial da criação: são obedientes ao chamado de Deus a viver e a dar vida a outros, mesmo em meio à catástrofe. É a santidade do sofrimento, que tem uma lógica diversa, mais primária que a santidade da virtude. Pode parecer exagerado, mas, diante desses pobres, talvez possamos repetir o que disse o centurião diante de Jesus Crucificado: 'Verdadeiramente estes são filhos e filhas de Deus'".[4]

4.3. Na organização

Outro sinal ainda do Espírito que radicaliza e potencializa os dois primeiros, que são mais espontâneos e vulneráveis, é a criação e organização de associações, grupos e comunidades do povo da rua. Aí se procura fortalecer a prática da solidariedade

---

[4] SOBRINO, Jon. "Reflexões a propósito do terremoto de El Salvador". *Convergência* 340 (2001) 110-118, aqui 114s.

entre eles e enfrentar de forma mais organizada e eficaz a luta pela vida. São muitas as experiências que existem por este Brasil afora. Nesses grupos, além da prática da solidariedade, vai crescendo a consciência da responsabilidade pelo próprio destino e o dos outros, assim como vão se diversificando e se fortalecendo as lutas na rua: associação de catadores de material reciclável; ocupação dos espaços urbanos para moradia e trabalho; abaixo-assinados; manifestações – inclusive uma Marcha Nacional a Brasília; debates na imprensa; criação de projetos de lei etc.

Mas deixemos que os próprios membros de uma comunidade de rua de Belo Horizonte – Comunidade Amigos da Rua – digam o que significa a comunidade: "Assim como as folhas de um broto precisam estar ligadas a um talo, assim também nós. A gente não pode viver solto, desligado da vida. Na comunidade a gente se encontra, partilha, constrói uma família nova, encontra energia e força pra vencer os desafios. E como o broto, para que possamos crescer fortes e reproduzir, precisamos de cuidado. Na comunidade a gente encontra um pouco de tudo isso" (Varlei); "Na comunidade cresci muito e comecei a lutar por uma nova sociedade. Sem um espaço para discutir a vida fica muito difícil. Tive uma época muito difícil e a comunidade me ajudou a fazer o trampolim para uma nova oportunidade. Ela não é paternalista, não passa a mão na cabeça, mas ajuda as pessoas a crescerem e a caminharem com suas próprias pernas" (Djalma).

A comunidade fortalece a prática e a consciência da missão libertadora/salvífica do povo da rua. Nela, os moradores de rua vão se tornando cada vez mais povo e povo de Deus, corpo de Cristo – crucificado e ressuscitado –, comunidade dos seguidores de Jesus Cristo, *pro-seguidores* da ação de Deus na história.

E, enquanto tais, são constituídos luz para as nações, salvação para o mundo, povo eleito na terra.[5]

5. Povo de Deus no deserto urbano

Esse povo que vive nas e das ruas de nossas cidades – "atual servo sofredor", na linguagem de Mons. Romero, e "povos crucificados", na linguagem de Ignacio Ellacuría – continua sendo "luz das nações", por incrível que pareça! Sua mera existência revela o nosso pecado e o pecado do mundo: "Pecado é aquilo que deu morte ao Filho de Deus e pecado continua sendo aquilo que dá morte aos filhos de Deus".[6] Diante dele vemos quem realmente somos e quem realmente é o nosso mundo. Nele se revela com toda nudez a nossa perversidade. Além do mais, suas necessidades indicam o que devemos fazer (individualmente, como Igreja, como mundo). Numa palavra, os pobres são a luz que nos permite ver e conhecer nossa realidade e a luz que nos faz enxergar os rumos que conduzem realmente à vida.

Mas os pobres não são só luz, são também portadores da salvação. E o são enquanto seus destinatários e na medida em que, acolhendo-a, defendem e cuidam da própria vida e da dos outros. Fazem isso tanto nos gestos individuais de solidariedade como através de suas organizações.

Nas palavras de Puebla, os pobres possuem um "potencial evangelizador", "enquanto estes a interpelam constantemente (a Igreja), chamando-a à conversão e porque muitos deles realizam em sua vida os valores evangélicos de solidariedade, serviço, simplicidade e disponibilidade para acolher o Dom de Deus" (1147). Na linguagem de Jon Sobrinho, eles exercem

---

[5] Cf. idem. Os povos crucificados, atual Servo Sofredor, in *Princípio Misericórdia*: descer da cruz os povos crucificados. Petrópolis: Vozes. 1994, 83-85.
[6] ROMERO, Mons. Oscar. *Su Pensamiento VIII*. San Salvador: Imprenta Critério, 2000, 231.

uma "profecia primária", enquanto vítimas da história, e realizam uma "evangelização primária", enquanto vivem e oferecem realidades e valores como os que Jesus viveu e ofereceu.[7] São o povo eleito, os sujeitos primários[8] da evangelização.

6. Pastoral do Povo da Rua

É tomando parte nesta história de Deus e do seu povo que a Pastoral do Povo da Rua vai se construindo, simultaneamente, na dupla fidelidade, a Deus e aos pobres, neste deserto moderno e urbano que são as ruas de nossas cidades. Sua ação só se entende enquanto participação na história libertadora/ salvífica do Deus de Jesus junto aos pobres, através do Espírito Santo, e contra todas as formas de opressão e exclusão.

O destino dos pobres e o destino do Deus de Jesus se encontram. Nos pobres encontramos o Deus de Jesus e no Deus de Jesus encontramos os pobres. Nos pobres, o Deus de Jesus é um Deus crucificado e, no Deus de Jesus, os pobres encontram vida, esperança, salvação, ainda que crucificadas. É o mistério pascal. Na linguagem joanina, cruz e glória se remetem e se explicam mutuamente. E é por aí que se encontra a Pastoral do Povo da Rua...

---

[7] SOBRINO, Jon. Jesus, o Libertador. Op. cit., 40.

[8] "Decisão primária", "santidade primordial", "vocação primordial", "profecia primária", "evangelização primária" e expressões afins são próprias da teologia de Jon Sobrino e de Ignacio Ellacuría, com quem dialogamos mais de perto neste texto, que compreendem a realidade como realidade complexa e dinâmica, mas cujo processo de complexificação não anula nem prescinde seus níveis ou aspectos mais simples e primários. Pelo contrário. Fincam aí suas raízes. São como que sua base mais elementar e fundamental, sem a qual tudo desmorona. Os fundamentos epistemológicos dessa compreensão da realidade foram elaborados por Ellacuría com a densidade e profundidade que lhes são próprias (ELLACURÍA, Ignácio. *Filosofia de la realidad histórica*. San Salvador: UCA, 1999). Em se tratando da realização da salvação cristã, os pobres constituem a realidade mais primária e fundamental. E isso tanto na medida em que são seus destinatários (enquanto vítimas da história), como – e enquanto tais – na medida em que são seus portadores (sujeitos da nova história).

Centralidade da "opção" pelos pobres na vida religiosa[*]

"Todas as vezes que o fizestes a um destes mais pequeninos, que são meus irmãos, foi a mim que o fizestes" (Mt 25,40).

Três razões nos levaram a aceitar o convite da equipe de redação da revista *Convergência* para escrever sobre a "opção pelos pobres"[1] (preferencial, audaciosa, atualizada...), segunda prioridade da XIX Assembleia Geral Ordinária da CRB em 2001.

Em primeiro lugar, por se tratar de uma questão que é central e decisiva – até mesmo escatológica (Mt 25,31-46) – no seguimento de Jesus, a quem confessamos como Cristo. Ser cristão é viver *como e do que* Jesus viveu. A vida de Jesus foi um permanente e progressivo *des-viver-se* para que os pobres pudessem viver. E tudo isso em obediência e fidelidade ao Pai. De modo que, aos que se põem no caminho de Jesus, não resta alternativa, senão *des-viver-se* para que os pobres possam viver.

Em segundo lugar, por sermos testemunha de quanto bem a vida religiosa tem feito aos pobres deste mundo, não obstante

---

[*] Publicado na revista *Convergência* 361 (2003) 162-176.

[1] Ver a respeito: BOFF, Clodovis; PIXLEY, Jorge. *Opção pelos pobres*. Petrópolis: Vozes, 1987; FABRIS, Rinaldo. *A opção pelos pobres na Bíblia*. São Paulo: Paulinas, 1991; VIGIL, José Maria (org.). *Opção pelos pobres hoje*. São Paulo: Paulinas, 1992.

os enormes males. São tantos os irmãos e irmãs com tantos e diversos carismas que se dedicam aos pobres e às suas lutas, que assumem sua causa e por isto são, não raras vezes, incompreendidos (inclusive pela comunidade religiosa), caluniados, perseguidos e até mortos. Mais. Existem comunidades inteiras que se entregam aos pobres e por eles se deixam configurar. Temos casos, inclusive, de instituições que se entregaram completamente aos pobres, por exemplo, a Universidade Centro Americana dos jesuítas em El Salvador.

Em terceiro lugar, por sentirmos, pela ausência e pelo lamento evangélico de tantos companheiros/as e amigos/as religioso/as, o quanto a vida religiosa tem-se distanciado nos últimos anos dos empobrecidos e excluídos e, consequentemente, do Deus de Jesus. É impressionante – blasfemo, para ser mais preciso! – como tantas pessoas podem configurar "um modo de vida" em que os pobres e seus sofrimentos não encontram lugar, senão nos discursos retóricos e abstratos (desencargo de consciência, talvez), e ousam qualificar tal "modo de vida" como cristão.

Essas razões, não obstante, são perpassadas por um limite pessoal que queríamos deixar claro desde o início. Embora tendo vivido quase seis anos com religiosos durante os estudos teológicos em Belo Horizonte e tendo trabalhado sempre com religiosas e/ou religiosos, o fato de não ser religioso situa nossa reflexão "fora" da vida religiosa. No entanto, por ser a "opção pelos pobres" uma realidade central na fé cristã e por ser a vida religiosa "um modo" de viver a fé cristã, cremos que a distância entre nós não é tão grande como poderia parecer à primeira vista e que a gente pode se entender "em casa".

1. A Vida Religiosa como um modo de seguimento de Jesus Cristo

A discussão sobre a identidade e a diversidade de carismas, dons do Espírito, muitas vezes parece ofuscar o fato de que se trata de dons e carismas no seguimento de Jesus Cristo. E isto é o que, em última instância, confere identidade cristã a esses dons e carismas. Fala-se de espiritualidade franciscana, inaciana, redentorista, sacramentina, beneditina etc. com tanta ênfase e empolgação que se silencia e, não rara vezes, esquece-se de que todos estes adjetivos não fazem mais que destacar/intensificar um aspecto ou exigência/desafio da única espiritualidade cristã: o seguimento de Jesus Cristo. Este dado é tão real e tão forte que até em faculdades sérias de teologia o curso de espiritualidade é "reduzido" ao estudo das escolas religiosas de espiritualidade, como se fora dessas escolas "carismáticas" (no sentido evangélico da palavra) não existisse espiritualidade cristã.

Além do mais, tem-se falado muito nos últimos tempos de "refundação" da vida religiosa. Não vamos entrar aqui nessa discussão, embora a expressão "refundação" nos pareça ambígua. E isso tanto por poder conduzir a um lirismo ingênuo que nega o passado e constrói um presente sem raízes ou fundamentos (refundação pode "cheirar" à fundação) quanto por poder alimentar uma visão idealista das origens – uma espécie de "paraíso" profanado. Talvez seja preferível falar de *replanteamiento*:[2] "*Replantear* é olhar lucidamente nossas tradições, ver o que está acontecendo e como nos ressituar em

---

[2] Encontramos várias possibilidades de tradução desta expressão: recolocar, repropor, retraçar, restabelecer, reexpor, dentre outras. Como nenhuma delas nos parece suficiente, manteremos a versão original do texto espanhol *replantear*. Estas diversas expressões, juntamente com a definição que Toni Catalá dá do termo, permitem sua compreensão.

fidelidade ao carisma e ao nosso momento atual".[3] Em todo caso, o que aqui nos interessa é chamar a atenção para o fato de que uma "refundação", "volta às fontes", *replanteamiento* etc. da vida religiosa não pode se efetivar, senão a partir daquela realidade que origina, sustenta e revigora permanentemente tanto a vida religiosa (nos diversos carismas), como os outros modos de vida cristã: A vida, morte e ressurreição de Jesus Cristo *pro-seguida* pela comunidade daqueles e daquelas que professam a fé *em* Jesus e vivem da fé *de* Jesus.

Embora a fé cristã não possa ser vivida nem pensada desvinculada dos modos concretos que ela vem tomando ao longo da história, há uma realidade mais central e mais fundamental que é critério permanente de discernimento dessas diversas configurações históricas: "Jesus de Nazaré é confessado pelas Igrejas cristãs como o Ungido de Deus, o Cristo de Deus. Esta confissão de fé supõe para os crentes cristãos que o viver, morrer e viver para sempre de Jesus é a referência normativa do acesso à Divindade. Para os crentes cristãos, o de Deus tem a ver com Jesus e Jesus tem a ver com o de Deus. O que se diz cristão, embora não precise seu dizer corretamente, está se referindo a Jesus de Nazaré, o Ungido de Deus".[4]

Numa palavra, Jesus Cristo é o critério permanente de discernimento da vida cristã. Discernimento, aqui, deve ser entendido sob um duplo aspecto ou como uma tarefa dupla: "Por uma parte, pôr em 'crise', submeter à 'prova' nosso dizer e sentir sobre Jesus para não cair numa ilusão e numa alucinação meramente subjetiva e, portanto, irreconhecível pela comunidade cristã; e por outra, 'pleitear' (submeter a juízo) nosso modo de

---

[3] CATALÁ, Toni. *Seguir a Jesús en pobreza, castidad y obediencia desde los excluidos*. Vitoria-Gasteiz: Fronteira, 1997, 9.
[4] Idem. *Discernimiento y vida cotidiana*. Barcelona: Cristianisme i justícia, 1997, 5.

estar na vida porque a linguagem muitas vezes é enganadora e mascaradora da realidade".[5]

1.1 Jesus de Nazaré é o Cristo

É óbvio e evidente que ninguém negaria explicitamente que Jesus Cristo é o iniciador e o consumador da fé cristã (Hb 12,2), bem como seu critério último e permanente. Nisto, em princípio, estamos todos (os que nos nomeamos cristãos) de acordo. Por isso fazemos parte da "mesma" Igreja, compartilhamos a "mesma" fé. O grande problema é saber quem é realmente esse Jesus a quem confessamos como Cristo e que configura nossa vida. E aí temos "jesus" para todos os gostos. Cada um escolhe ou fabrica o seu.

É verdade que não temos uma biografia de Jesus. A Bíblia não é um livro de história, no sentido moderno da palavra.[6] É um livro de fé. Ela recolhe e traduz com uma linguagem própria a experiência de Deus vivida por Israel e, no "fim dos tempos", por Jesus e pelos com-Jesus. Seu objetivo não é dar informações jornalísticas sobre episódios da vida de Jesus, mas, como bem disse a comunidade joanina, animar a fé em Jesus Cristo e o modo de vida daí decorrente (Jo 20,31).

No entanto, embora não tenhamos uma biografia de Jesus, o testemunho da fé das primeiras comunidades cristãs relatado

---

[5] Ibidem, 3.
[6] A discussão sobre o que é histórico ou não da vida de Jesus e, mesmo, sobre o que se entende por histórico é complexa e não pode ser abordada aqui. Apenas sugerimos algumas bibliografias que podem ajudar no aprofundamento desta questão (cf. ZUURMOND, Rochus. *Procurais o Jesus histórico?* São Paulo: Loyola, 1998; GNILKA, Joachim. *Jesus de Nazaré*: mensagem e história. Petrópolis: Vozes, 2000; FABRIS, Rinaldo. *Jesus de Nazaré*: história e interpretação. São Paulo: Loyola, 1998; SOBRINO, Jon. *Jesus, o libertador*: a história de Jesus de Nazaré. Petrópolis: Vozes, 1996; GONZALES FAUS, José Ignácio. *Acesso a Jesus*: ensaio de teologia narrativa. São Paulo: Loyola, 1981).

nas Sagradas Escrituras nos impede de "criar Jesus" à nossa "imagem e semelhança". A não ser que, de antemão e descaradamente, queiramos negar a Jesus uma realidade objetiva que independe do nosso gosto e do nosso interesse. E como não podemos ter acesso a essa realidade a não ser mediados por aqueles e aquelas que nos precederam na fé, ou acolhemos o seu testemunho, ou nos calamos completamente, ou, negando objetividade à realidade de Jesus, construímos uma imagem e um discurso apenas para camuflar e/ou legitimar interesses, normalmente alheios ao evangelho.

Segundo as Escrituras, há duas realidades indiscutivelmente centrais e definitivas na vida de Jesus: a confiança e obediência a um Deus que é *Abba* e o *des-viver-se* completamente e até as últimas consequências pelo seu *reinado* neste mundo. Não se trata de realidades paralelas ou justapostas. Pelo contrário: "O Reino dá razão de ser de Deus como *Abba* e a paternidade de Deus dá fundamento e razão de ser ao Reino".[7] Noutras palavras, a prática misericordiosa de Jesus (reinado de Deus) revela um Deus bondoso e misericordioso (Pai); e só um Deus bondoso e misericordioso (Pai) pode gerar bondade e misericórdia (reinado de Deus).

O anúncio e a realização do reinado de Deus ocupavam o centro da vida de Jesus. Ele "não só não pregou a si mesmo, mas também a realidade última para ele não foi simplesmente 'Deus' e sim 'o Reino de Deus'".[8] Ele viveu em função desse reinado que nada mais é que a soberania real de Deus, a realização de sua justiça. Convém ter presente que justiça, na compreensão de Israel, ao contrário da "imparcialidade" (!?) ocidental diz

---

[7] GONZALES FAUS, José Ignácio. Op. cit., 36.
[8] SOBRINO, Jon. Op. cit., 107.

da "proteção que o rei estende sobre os desamparados, fracos e pobres, sobre as viúvas e os órfãos".[9] É parcial!

Logo, se o reinado de Deus diz respeito à realização de sua justiça e esta se dirige às vítimas, o reinado de Deus se dirige fundamentalmente para as vítimas. Jeremias, exegeta alemão, chega a afirmar que ele "pertence *unicamente aos pobres*".[10] E se é assim, ele nos afeta (aos que não somos/vivemos pobres) apenas na medida em que, de alguma forma, comungamos com a vida e o destino dos pobres. Voltaremos ainda a esta questão, polêmica e fundamental.

Mas em que consiste, concretamente, este reinado de Deus? Jesus nunca o definiu conceitualmente. Em vez de defini-lo, realizou sinais e contou parábolas. E nestes sinais e nestas parábolas indicou sua proximidade, presença, realização.[11]

A chegada do reinado de Deus devolvia criatividade às vítimas de paralisia/deficiência, liberdade aos acorrentados e aos dominados pelo demônio e criava comunhão com os excluídos. Um caso típico é o do geraseno (Lc 8,26-39): passa da "gritaria" à "palavra", da "autolesão" à "autoestima", do "cemitério e sepulcro" à "aldeia", das "correntes e grilhões" a estar "sentado e vestido". Outro caso típico é o da comunhão de mesa com os "pecadores"/excluídos (Mc 2,15-17; Lc 7,36-47). Para compreender seu significado é preciso ter presente que "no oriente receber alguém em comunhão de mesa significa até os dias de hoje uma hora que quer dizer oferta de paz, confiança,

---

[9] JEREMIAS, Joachim. *Teologia do Novo Testamento*. São Paulo: Paulinas, 1977, 154.
[10] Ibidem, 181.
[11] Uma visão sistemática e de conjunto sobre as vias de acesso à realidade do reinado do *Abba* e o seu tratamento recebido nas cristologias atuais pode ser encontrada em SOBRINO, Jon. Op. cit., 105-201.

fraternidade e perdão; em suma: comunhão de messe é comunhão de vida. [...] No judaísmo em particular, comunhão de mesa é comunhão à vista de Deus [...], comendo um pedaço do pão partido participa da bênção que o dono da casa pronunciou sobre o pão antes de parti-lo".[12]

O reinado de Deus, enquanto realização de sua justiça, sempre parcial, era uma Boa-Notícia para os pobres: garantia de vida, liberdade e proteção, ruptura com a lógica da exclusão e restauração da comunhão. Rompia a dependência e criava comunhão.

Mas seu anúncio/realização nunca foi tranquilo. As forças do "antirreino" nunca tardam. Elas preferiam (e preferem!) as correntes, os sepulcros, a distância etc. Para elas, o que era (e é!) Boa-Notícia para os pobres era (e é) Má-Notícia. Por isso o reinado de Deus sempre foi e sempre será uma realidade profundamente conflitiva, cujo preço pode ser a vida, como confirma a Cruz de Jesus.

Se, por um lado, o reinado de que Jesus fala e torna presente é sempre reinado de Deus, por outro lado, esse reinado revela um Deus justo, bondoso e misericordioso, a quem chama de *Abba*, paizinho. A centralidade do reinado de Deus na vida de Jesus só pode ser entendida, em última instância, a partir de sua experiência de Deus como *Abba*. E vice-versa. Uma prática bondosa e misericordiosa só pode revelar um Deus bondoso e misericordioso. Só um Deus bondoso e misericordioso pode levar a uma prática bondosa e misericordiosa.

"A experiência desta vinculação *Abba-reino* [...] constitui toda a chave daquilo que parece que Jesus pessoalmente vivia,

---

[12] JEREMIAS, Joachim. Op. cit., 179.

constitui todo o horizonte daquilo que Jesus quis pregar e constitui todo o sentido do discipulado que, para Jesus, parece não ser mais do que uma introdução a esta experiência."[13]

1.2 Cristãos são seguidores/as de Jesus Cristo

Se na confissão de fé "Jesus (é o) Cristo", é preciso não apenas afirmar que Cristo é Jesus e não outro qualquer, mas explicitar quem é esse Jesus a quem confessamos como Cristo. A qualificação cristã a uma pessoa, grupo ou instituição supõe, para ser consequente, uma identificação (diferente de imitação) com aquela vida concreta que dá conteúdo e realidade ao messianismo/cristianismo: Jesus de Nazaré.

A Igreja cristã é a comunidade dos seguidores e seguidoras de Jesus Cristo. Sua missão é dar prosseguimento à missão de Jesus. É, precisamente, a identificação com a vida e missão de Jesus que confere à Igreja o seu ser cristão. Uma pessoa ou uma comunidade é cristã apenas e na medida em que toma parte na ação messiânica de Jesus. O ser cristão não passa, em primeiro lugar, por uma identificação sociológica (sou cristão, católico), nem por uma confissão doutrinal (catecismo),[14] ou por uma prática ritual (missa, terço, jejum etc.), mesmo que não as negue ou até as implique. Em todo caso, além de periféricas, só ganham consistência e densidade cristãs se são expressão de uma vida vivida no seguimento de Jesus Cristo. Numa palavra: somos cristãos somente e na medida em que, em obediência ao

---

[13] GONZALES FAUS, José Ignácio. Op. cit., 36.
[14] "Pode-se ter uma confissão de fé correta e 'ortodoxa' e um *planteamiento* teológico libertador em sua formulação. Mas podemos criar modos de estar na vida muito pouco discernidos do ponto de vista do seguimento e, portanto, com consequências muito pouco ou nada evangélicas" (CATALÁ, Toni. *Seguir a Jesús em pobreza, castidad y obediencia desde los excluídos,* 38s).

Pai, tomamos parte na ação messiânica de Jesus: o *reinado do Abba*. Aí se julga e se mede o nosso ser cristão!

A vida religiosa, na mossa compreensão, nada mais é que um modo concreto, entre tantos outros, de viver o seguimento de Jesus Cristo. Em princípio, nem mais nem menos importante ou perfeito ou santo que os outros. Simplesmente *um* modo de viver o seguimento: em pobreza, castidade e obediência. É o seguimento, precisamente, que confere realidade e legitimidade cristãs aos votos.

É necessário explicitar, permanentemente, o caráter e os fundamentos cristológicos dos votos. Eles não podem ser entendidos e vividos a partir deles mesmos ou da congregação. Devem ser entendidos e vividos como uma forma de viver o seguimento de Jesus Cristo. E nessa perspectiva, "é urgente reler os votos (e isto é tarefa de todos e de todas e não apenas de teólogos e teólogas) a partir do descentramento, a partir da abnegação e mortificação (palavras feias e horríveis em nossa cultura!). *É urgente passar do 'egocentrismo' e do 'comunitário-centrismo' ao 'ptochos-centrismo'*, deixar que os pobres (*ptochoi*) de Jesus Cristo sejam o referente normativo de nossa vida religiosa. Não se trata, aqui, de que todos e todas tenhamos que estar na mesma missão com eles [...] Trata-se de termos, todos e todas, o mesmo referencial comum, que não é ideológico, mas radicalmente *teológico*".[15]

Nessa perspectiva, o *voto de pobreza* não pode ser apenas uma classificação sociológica ou sinônimo de austeridade, nem mesmo atividade com ou para os pobres, mas participação no despojamento e no desviver de Jesus e na sua consequente *encarnação* na vida e no mundo dos despojados e desvividos;

---

[15] Ibidem, 44.

o *voto de obediência* não é submissão ou subserviência (por medo ou cinismo) aos "superiores", mas obediência ao *Abba* de Jesus Cristo e fidelidade ao seu reinado – justiça aos pobres; o *voto de castidade* não é, simplesmente nem fundamentalmente, renúncia ao casamento ou abstinência/continência sexual, mas viver os afetos e desejos na liberdade do Espírito de Jesus Cristo, amando, gratuitamente a todos, preferencialmente aos pobres e pequenos.

"Quando os votos são vividos a partir do *status confessionis* e não a partir do *status perfectionis*, e são vividos diante do Pai de Nosso Senhor Jesus Cristo e não diante de um 'deus-amo', deixam de ser um 'ideal' para ser nossa ferida realidade pessoal no seguimento do crucificado."[16]

A vida religiosa, segundo Toni Catalá, é um caminho cheio de riscos e armadilhas, mas também apaixonante no seguimento de Jesus Cristo. Seus fundamentos estão postos de uma vez por todas. Por isso mesmo, ele não crer ter o que "refundar" na vida religiosa. Crer, sim, "no desafio de não esquecer que não fomos chamados e chamadas de um barro distinto do comum dos mortais, que não vamos viver nenhuma perfeição, mas que podemos, por pura graça e fortaleza do Espírito, tornar um pouco mais visível que o único que importa nesta história é ser fonte de misericórdia e que os pobres de Jesus Cristo encontrem alívio e dignificação".[17]

---

[16] Ibidem, 43.
[17] Ibidem, 57.

2. A "opção" pelos pobres como realidade constitutiva e fundamental da Vida Religiosa

Em primeiro lugar, é preciso ter presente que *opção* pelos pobres, na fé cristã, é algo que diz respeito propriamente ao Deus (*Abba*) e à prática (reinado de Deus) de Jesus. É Deus mesmo quem toma partido dos pobres em Israel e, no "fim dos tempos", em Jesus Cristo. Trata-se de uma *opção* que é, ao mesmo tempo, fruto da gratuidade do seu amor[18] e um ato de justiça.[19]

A revelação de Deus não é comunicação de doutrinas, mas ação salvífico-libertadora das vítimas. Precisamos considerar seriamente o fato de que não temos, na tradição bíblica, uma manifestação de Deus anterior ou à margem de sua *opção* pelos pobres. "Jesus, enquanto confessado como Filho, não é uma manifestação de Deus separada da sorte dos excluídos e sofredores [...]. A divindade não se manifesta e depois opta

---

[18] Gustavo Gutiérrez tem insistido muito sobre este aspecto. "Na base dessa opção está a gratuidade do amor de Deus. É esse o fundamento último da preferência [...]. Trata-se de uma opção *teocêntrica* e profética que assenta suas raízes na gratuidade do amor de Deus e que é por ela requerida" (GUTIERREZ, Gustavo. *Onde dormirão os pobres?* São Paulo: Paulinas, 2003, 15s).

[19] Para Vigil, este aspecto é uma questão pendente e um desafio para a teologia atual: "Há algum tempo [...] registra-se uma tendência a recolocar a fundamentação da Opção pelos Pobres na linha da 'gratuidade' de Deus, prescindindo (pois sua negação explícita seria impossível) de sua fundamentação na justiça de Deus. Imperceptivelmente, por esse caminho vai-se na direção de uma Opção pelos Pobres que representa uma simples 'preferência' de Deus, um 'amor preferencial' do próprio Deus, não uma parcialização insubornável que Deus não pode deixar de adotar quando se trata de justiça. A linguagem de gratuidade atua como uma suavização da Opção pelos Pobres, um ocultamento de seus traços mais característicos, uma conciliação com aqueles que negam ao defini-la como uma simples opção ou amor 'preferencial'" (VIGIL, José Maria. Opção pelos pobres e trabalho da teologia, in SUSIN, Luiz Carlos [org.]. *Sarça ardente*. Teologia na América Latina: prospectivas. São Paulo: Paulinas, 2000, 297-307, aqui, 300).

preferencialmente pelos pobres. Não há manifestação superior às necessidades da humanidade sofredora".[20]

Em segundo lugar, é preciso ter claro que para os cristãos, enquanto seguidores de Jesus Cristo, não se trata propriamente de "opção", no sentido de que poderia não optar. É uma condição e exigência radicais, inegociáveis, fundamentais. O ser cristão é, definitivamente, marcado e constituído pela parcialidade pelos pobres. É impossível ser cristão (verdadeiro!) e não tomar o partido dos pobres, não assumir sua causa. A não ser que o ser cristão nada tenha a ver ou possa prescindir do messianismo/cristianismo de Jesus: o *reinado* do *Abba*.

Em todo caso, embora a expressão "opção" seja inapropriada para exprimir a parcialidade pelos pobres que caracteriza e constitui a identidade cristã, continuaremos utilizando-a aqui (embora entre aspas), dada a importância e tradição que esta expressão tem na Igreja Latino-Americana.

2.1 "Opção" pelos pobres, simplesmente

Nos anos 1970 "opção pelos pobres" se tornou como que o lema ou *slogan* da Igreja Latino-Americana. Igreja que, como nenhuma outra – respondendo ao apelo de João XXIII na convocação do Concílio Vaticano II –, tornou-se a "Igreja dos pobres". Se hoje falar de "opção pelos pobres", ao menos no nível do discurso, é algo "normal" (talvez já não tão normal assim!), não o era em décadas passadas.

A reação a esse *novo jeito de ser Igreja* (tão antigo quanto o judaísmo e o cristianismo, pelo menos) se fez sentir muito cedo dentro e fora da Igreja, inclusive com relação ao discurso. Aí, como era difícil/impossível negar completamente a centralidade

---

[20] CATALÁ, Toni. Saigamos a buscarlo fuera de la ciudad: Notas para una teología y espiritualidad desde el cuarto mundo. *Ad modum manuscriptu*, 4.

dos pobres na vida de Jesus Cristo, começou-se a justapor adjetivações que, mais que precisar o sentido teológico da "opção pelos pobres", acabava relativizando e suavizando tal "opção".

Já em Puebla, a "opção pelos pobres" é afirmada como "opção preferencial e solidária" (1134ss) e "não exclusiva" (1145; 1165). Tratava-se claramente de uma ação "corretiva" (!?). E o próprio documento não deixa dúvida a esse respeito (cf. 1134). Santo Domingo segue o mesmo caminho e consolida a "correção". Fala de uma "opção evangélica e preferencial, não exclusiva nem excludente" (178).

À primeira vista, essas discussões e matizações podem parecer fecundas e enriquecedoras. E de fato o foram sob muitos aspectos. Mas, por outro lado, mal conseguem esconder a real distância dos pobres e da ação messiânica de Jesus e o real compromisso com os poderosos e os poderes deste mundo, por parte de seus defensores incansáveis. É sintomático!

Em todo caso, três coisas nos parecem evidentes a partir da revelação e da fé cristãs. Impõem-se pela força de seu realismo:

A. Na linguagem de Jon Sobrino, *pobres* são "aqueles que não dão a vida por suposto": "Os que estão embaixo na história e os que são oprimidos pela sociedade e segregados dela; não são, portanto, todos os seres humanos, mas os que estão embaixo, e este estar embaixo significa ser oprimido".[21]

B. Por *estes* o Deus de Jesus (Abba) opta, toma partido, assume sua causa – "sem glosas", diria São Francisco de Assis (Test. 12).

C. Aos seguidores e seguidoras de Jesus não resta alternativa senão fazer sua (assumir) a *opção* (que é) de Deus.

---

[21] SOBRINO, Jon. Op. cit., 126.

E isto não significa negação da destinação universal da salvação (1Tm 2,3s), nem mesmo indiferença pela salvação dos ricos e opressores. Significa, sim, acolher a salvação trazida pelo Cristo que é Jesus de Nazaré (e não autossalvação ou redução/perversão da salvação às projeções/idealizações, normalmente alheias ao evangelho). Esta passa, necessária e primariamente pela defesa e garantia da vida dos pobres, embora não se reduza a isso. E não podia ser diferente. Se a salvação tem a ver com vida nova "no Cristo" – vida que só se realiza na comunhão com Deus, comunhão que assume no amor e na misericórdia a totalidade da realidade –, ela supõe a garantia e conservação da vida no nível mais primário, sua materialidade. Negar a materialidade da vida é negar possibilidade de uma vida vivida em comunhão com Deus, uma vez que a materialidade é o nível mais elementar e fundamental da vida que deve ser vivida na comunhão com Deus. Por isso mesmo, a universalidade da salvação passa pela parcialidade (pelos pobres) de sua realização histórica.

2.2 "Opção pelos pobres" – voto de pobreza

Que a "opção pelos pobres" pertença constitutivamente ao seguimento de Jesus Cristo é algo indiscutível, embora seu significado e sua efetivação dependam de cada situação concreta. Que a vida religiosa, como um modo de viver o seguimento de Jesus Cristo, suponha, implique, essa "opção" é também algo indiscutível. Mas que na vida religiosa a "opção pelos pobres" se identifique sem mais com o voto de pobreza, como pensam (ou querem) alguns, é bastante problemático.

Em primeiro lugar, porque os votos não podem ser vividos e/ou entendidos como departamentos estanques na vida.

Se fossem, provavelmente os pobres ficariam encarcerados na cela da pobreza (voto de pobreza). Na sala dos afetos – a mais aconchegante! – estariam os/as convidados/as de honra (voto de castidade). No "tribunal escatológico" estariam sentados os verdadeiros senhores: instituição(!?), superiores(!?), "perfeição"(!?), fama(!?) (voto de obediência).

Em segundo lugar, porque a "opção pelos pobres" deve configurar a vida religiosa toda (pobreza, castidade e obediência) de todos/as os/as religiosos/as (e não apenas dos/as que trabalham mais diretamente com os pobres) como configurou a vida de Jesus Cristo – Crucificado entre crucificados, o ressuscitado que abriu a "porta do inferno" aos crucificados, o que viveu e vive para sempre no *des-viver-se* pelos pobres.

No que diz respeito ao voto de pobreza, talvez seja um dos votos que menos se saiba o que fazer com ele.[22] O desconcerto é tamanho que um religioso jesuíta que se destaca pela radicalidade de sua "opção pelos pobres" no primeiro mundo (!) e pela lucidez teológica, Toni Catalá, chega a afirmar: "Por mais que nos doa, já que no momento não sabemos dar outro nome a este voto, imagino que no futuro encontraremos outro nome que não mascare nossa realidade".[23] Em todo caso, sugerimos alguns pontos que possam ajudar na reflexão sobre esse voto e na sua relação com a "opção pelos pobres":

A. O voto de pobreza, na realidade concreta da grande maioria das congregações religiosas, não se identifica com a pobreza sociológica. Por isso diz Catalá: "Nós temos que dizer bem claro que os pobres não somos

---
[22] CATALA, Toni. *Seguir a Jesús en pobreza, castidad y obediencia desde los excluídos.* Op. cit., 46.
[23] Ibidem.

nós. Se não dizemos, mentimos a nós mesmos; então as palavras não dizem nada";[24]

B. Nem mesmo a inserção geográfica na periferia torna os religiosos e as religiosas pobres com os pobres. Muitas vezes, quando entramos numa casa religiosa na periferia, dá a impressão que mudamos, a toque de mágica (ou de um controle automático!), de bairro. Mas, mesmo nas casas mais populares, normalmente a vida não é um risco. Na hora da precisão, se sabe onde e a quem recorrer. E aí fica claro quem são (ou não são) os pobres;

C. O voto de pobreza não deve ser reduzido ou identificado com austeridade de vida (mesmo que dela não prescinda). Pois, além da austeridade poder ser vivida sob o jugo da lei (porque é o jeito, porque sou obrigado/a), pode não gerar solidariedade, misericórdia (economizo, mas não reparto. Acumulo!);

D. por fim, o voto de pobreza não deve ser reduzido ou identificado nem mesmo com o trabalho pastoral junto aos pobres. Isso, além de torná-lo um voto de alguns (dos que trabalham com os pobres) ou dispensar a grande maioria dos religiosos desse voto (os que não trabalham com os pobres), pode torná-lo um fardo a mais para os pobres. Eles podem acabar se tornando um peso ou um sacrifício muito grande. Ou, pior ainda, além de um fardo, um instrumento útil em nossa vida: cuidando dos pobres, além de ser bem visto pelo mundo (dependendo do tipo de cuidado), ganhamos ponto com Deus. Fazemos não por eles mesmos, que não merecem. Fazemos por deus ou a deus (seja lá qual for!). É terrível

---

[24] Ibidem, 47.

constatar como se trafica com a dor e o sofrimento dos outros. Além do peso que é a sua vida, ainda têm que nos suportar tornando-se escada que nos leva (os bonzinhos) para deus. Pior ainda, quando se trata de tráfico religioso travestido de cristão. Vale, aqui, a advertência de González Faus: "O copo d'água dado ao pobre não poderia alcançar a Cristo, se não alcançou primeiro a sede desse pobre".[25]

O voto de pobreza, ao invés, deve ser vivido e compreendido sob um duplo aspecto: por um lado, como um assumir a nossa condição criatural (não somos Deus) e pecaminosa (lutamos contra Deus); por outro lado, como um assumir (no limite e no pecado) o Caminho de Jesus Cristo – "o que passou fazendo o bem" (At 19,38). Ambos os aspectos, parecem-nos, só são possíveis na proximidade (não apenas geográfica) aos pobres deste mundo. Eles não apenas nos devolvem à nossa condição criatural e nos revelam (pela simples presença) nossa condição pecaminosa, mas nos dizem o que é preciso fazer, sentir e pensar no Caminho, e são, eles mesmos, caminho. A proximidade a eles permite viver "a pobreza evangélica como aceitação da própria limitação e precariedade junto com a possibilidade de aliviar sofrimento".[26] E é aí que a austeridade, a inserção e o trabalho mais direto com os pobres fincam raiz.

3. "Opção" pelo hoje

Uma vez que a vida religiosa é um modo concreto de viver o seguimento de Jesus Cristo; que esse seguimento implica e exige a "opção pelos pobres"; que ambos (o seguimento e, nele,

---

[25] GONZÁLEZ FAUS, José Ignacio. *La humanid nueva:* ensayo de Cristología II. EAPSA – Hechos y dichos – Mensajero: Razon y fe – Sal Terrae, 1979, 646.
[26] CATALÁ, Toni. Op. cit., 49.

a "opção pelos pobres") são históricos, reais e concretos, resta a pergunta: Como vivê-los hoje?

A pergunta pelo *hoje* da "opção pelos pobres" implica tanto uma *percepção real* (com todos os sentidos: ver, ouvir, tocar, pensar etc.) *dos pobres reais*, quanto uma *percepção e vivência reais do carisma* de cada congregação.

No que diz respeito à *percepção real dos pobres reais*, precisamos vencer tanto a tentação de espiritualizar os pobres (pobres espirituais)[27] quanto a tentação da onisciência que nos indispõe a aproximarmo-nos dos pobres reais e do seu mundo real (conhecimento prévio dos pobres e da pobreza).

Precisamos deixar que os pobres mesmos nos "digam" (com sua vida e não apenas com palavras) quem são e como é o seu mundo. Isso supõe um desinstalar-nos de nós mesmos, um abrir-nos a eles. Essa atitude, além de respeitosa e honesta, liberta-nos da tentação da espiritualização e da idealização (positiva ou negativa) dos pobres e do seu mundo. Os pobres são o que são (no pecado e na graça) e não aquilo que imaginamos ou queremos que eles sejam. O seu mundo é um mundo complexo e plural. Embora a pobreza econômica seja a expressão-limite do empobrecimento e da exclusão (qualquer forma de exclusão supõe, ao menos, a existência dos excluídos; e esta não é possível sem a satisfação mínima das necessidades materiais), há outras formas de empobrecimento e de exclusão: social, política, religiosa, sexual, étnica etc. A realidade do pobre não pode ser reduzida a apenas uma dimensão, como se as outras fossem privilégio dos não pobres.

---

[27] É bom não esquecer que mesmo quando a Escritura fala de "pobre espiritual" (Mt 5,3; Gl 4,9; Ap 3,17), a expressão grega utilizada para designar tais pobres é *ptochos*, do verbo *ptosso*: agachar-se, encolher-se. O "espiritual", aí, não anula o pobre, mas o qualifica.

No que diz respeito à *percepção e vivência reais do carisma* de cada congregação religiosa, é preciso superar toda forma de fundamentalismo e idealismo. Fidelidade ao carisma não significa repetição, imitação. Ninguém é chamado a imitar ninguém. Ninguém tem vocação de papagaio. O carisma de uma congregação não se identifica, sem mais, com sua configuração histórica nas origens, embora não se tenha acesso a ele senão mediado por sua configuração histórica inicial. O "espírito" não se identifica com a "letra", mesmo que sempre se materialize em "letra". Permitam-nos um exemplo arbitrário (!?): O hábito franciscano. É evidente que ele, hoje, não é o mesmo que no século XIII. Se em Francisco era sinal de radical proximidade aos pobres de Assis, hoje, numa periferia, numa favela, num lixão etc., talvez seja o contrário. A "letra" (hábito) pode ser a mesma, o "espírito" (radical proximidade aos pobres) não! Tomemos, ainda, outro exemplo (mais complexo e polêmico): as "obras" das congregações (colégios, hospitais etc.). Embora sendo a mesma "letra", tem o mesmo "espírito" que nas origens? A razão fundamental pela qual muitas congregações mantêm tantos colégios, hospitais etc., em sua grande maioria particulares, diga-se de passagem, é a mesma das origens? Não é, em última instância, por uma razão empresarial travestida de religiosa (e não só por questão de filantropia, mas também por desencargo de consciência)? Precisamos ser reais e honestos com nós mesmos e com os outros. Só a verdade liberta!

Além do mais, enquanto um carisma qualquer é carisma no seguimento de Jesus, e, neste, os pobres têm um lugar central, há que se perguntar sempre pela centralidade dos pobres na vivência do carisma. Digo *centralidade*, e não simplesmente assistência filantrópica (com imposto não pago ao governo).

De modo que, por uma ou por outra razão, *a "opção pelos pobres", hoje, passa, em primeiro lugar, por uma disposição a sermos reais no seguimento de Jesus.* E reais no pecado e na graça. Esse realismo exigido pela "opção pelos pobres" é, numa linguagem dogmática, a participação no mistério da Encarnação de Jesus Cristo: encarnar-se (tomar carne) no mundo dos pobres; ou ainda, se quiser, a participação no seu mistério kenótico (Fl 2,5-11). Noutras palavras, trata-se de um "sentir e pensar" ativos (Fl 2,5), ao mesmo tempo, configurados pela realidade (ou mais precisamente pelo avesso da realidade) e configuradores dessa mesma realidade (na fidelidade ao Pai e ao seu reinado). Esse dado fundamental da fé – "a Palavra se fez carne" –, que exprime a vontade e a decisão de Deus de ser real, constitui "o paradigma perene para a fé, para a Igreja e para a teologia".[28] E isso tem sérias consequências para o assumir real da "opção pelos pobres".

Em primeiro lugar, *encarnar-se* (tomar carne) no mundo dos pobres é sentir-se responsável por ele. *Encarregar-se* dele. O que acontece aí me diz respeito. Mais. De alguma forma acontece comigo mesmo. Não posso ficar alheio ou lavar as mãos diante do que acontece com os pobres. Nem posso reagir de qualquer modo. No seguimento de Jesus, a única reação possível diante do sofrimento (provocado pela pobreza, pela exclusão, pela dor) é a misericórdia, uma reação movida e justificada unicamente pelo sofrimento alheio interiorizado. Ele é, portanto, o princípio configurador da ação ou reação misericordiosa.[29] De modo que se encarnar "significa *levar a cabo uma missão,* anunciar a Boa-Notícia do Reino de Deus,

---

[28] SOBRINO, Jon. Teologia e realidade, *in* SUSIN, Luiz Carlos (org.). *Terra Prometida*: movimento social, engajamento cristão e teologia. Petrópolis: Vozes, 2001, 277-309, aqui, 287.
[29] Cf. idem. Igreja Samaritana e princípio misericórdia, in: *O princípio misericórdia*: descer da cruz os povos crucificados. Petrópolis: Vozes, 1994, 31-45.

iniciá-lo com sinais de todo tipo e denunciar a espantosa realidade do antirreino".[30]

E aqui não se tem receita. Cada realidade é uma realidade e exige um tipo de reação. A criatividade e profecia, dons do Espírito de Jesus Cristo, se impõem. O que deu certo em uma situação pode não dar certo em outra. Uma metodologia pode funcionar bem aqui, mas não ali. A necessidade maior dessa pessoa ou desse grupo pode não ser a da outra pessoa e do outro grupo. Ninguém é salvador da pátria, nem onipotente, nem onisciente etc. Mas podemos, sim, ser fontes de misericórdia, aliviar a dor e o sofrimento dos irmãos. Caminhar, abrir caminhos, ser caminhos...

Em segundo lugar, *encarnar-se* no mundo dos pobres é *carregar* o mundo dos pobres. Isso não significa nem masoquismo, nem desejo místico de identificação do crucificado, nem euforia revolucionária, mas é simplesmente uma consequência do encarnar-se no seu mundo. O assumir a realidade e a causa dos pobres tem consequências: a vida e morte de Jesus e dos mártires que o digam.

O mundo dos pobres é muito duro e pesado. Aí, especialmente, o pecado se faz sentir com toda sua fúria e perversidade – como realmente mortal. Encarnar-se neste mundo é, de alguma forma, carregá-lo. Quem já tomou ou toma parte neste mundo sabe o que significa. Muitas vezes dá a sensação de que Satanás não foi vencido, que "quanto mais se reza mais assombração aparece". A impotência, a frustração, a desesperança, a revolta etc. se fazem sentir. E não vale simplesmente "dizer" que "Jesus salva", que "Jesus é a solução", que "Jesus te ama" etc. Aí muitas vezes só se consegue gritar/murmurar: "Meu

---

[30] Ibidem, 31.

Deus, meu Deus, por que me abandonastes?" (Mc 15,34). Sem falar nos conflitos, nas perseguições, ameaças e até na morte.

Finalmente, e em terceiro lugar, *encarnar-se* no mundo dos pobres é *deixar-se carregar* por ele. Afinal, este mundo, contra todas as evidências, é um mundo agraciado por Deus. Deus está aí. Jesus, Jó e os pobres que o digam. Um acontecido na Alemanha pode bem ilustrar o que queremos dizer. Em 1967, em Münster, realizou-se um painel entre o filósofo tcheco Milan Marchovec e os teólogos Karl Rahner e Johann Baptist Metz. No final do colóquio, Marchovec, recordando uma palavra de Adorno – "depois de Auschwitz não há mais poesia" (Auschwitz foi um campo nazista do holocausto judeu) –, perguntou a Metz se ainda poderia haver orações para os cristãos depois de Auschwitz. E ele respondeu: "Nós podemos rezar *depois* de Auschwitz, porque se rezava *em* Auschwitz".[31] É importante "insistir no momento do 'deixar-se' agraciar, 'deixar-se' carregar, pois o 'deixar-se' sempre tem contra si, como perigo, *hybris*, a arrogância dos humanos".[32]

Se antes insistíamos contra a idealização romântica dos pobres, acentuando a força e a mortalidade do pecado, aqui insistimos contra a satanização do seu mundo. Aí há muitos valores. Não somos os bons, os de Deus, que vamos aos maus, aos do capeta. Antes de nós chegarmos, Deus já está aí e nos fala e nos conduz a partir daí. E o primeiro e mais fundamental sinal da presença de Deus no mundo dos pobres e da sua fidelidade a Deus é a luta pela vida. No viver e dar a vida está a santidade

---

[31] METZ, Johann Baptist. *Para além de uma religião burguesa*. São Paulo: Paulinas, 1984, 27s.
[32] SOBRINO, Jon. Teologia e realidade. Op. cit., 307.

no seu nível mais primário e fundamental.[33] E essa santidade nos converte, nos salva e nos redime.

4. Os pobres são nossos juízes e senhores

Sem dúvida nenhuma, o maior mérito da Teologia da Libertação tem sido ajudar a Igreja toda a redescobrir/reassumir a densidade teológica dos pobres. Neles, Deus, na medida em que pela sua encarnação assumiu toda carne humana (a partir da carne crucificada), continua sendo rejeitado e crucificado; eles revelam pela sua mera existência o pecado do mundo; são os destinatários privilegiados do reinado de Deus – a realização de sua justiça, sempre parcial; são o clamor/palavra/chamado mais autêntico de Deus à conversão do mundo. Eles são os preferidos de Deus. Ele os ama mais que aos que damos a vida por suposto.

E assim os ama, não por méritos pessoais (piedade, simplicidade, bondade etc.), mas simplesmente pela situação em que se encontram. Por um ato de justiça. O Deus de Jesus não é imparcial nem ama igualmente a todos. E nem poderia fazê-lo, em vista mesmo da igualdade. Em um mundo onde a balança pende sempre para o lado mais forte, para que haja verdadeira igualdade, é preciso privilegiar o lado mais fraco. Onde há, de fato, dois pesos, tem que haver duas medidas.

O Deus de Jesus toma o partido dos pobres. E é a partir destes que se aproxima e salva os que não somos pobres. Seu reinado é destinado aos pobres e só através deles chega aos demais, torna-se universal. Noutras palavras, ele só nos afeta na medida em que, de alguma forma, comungamos com o destino dos pobres.

---

[33] Cf. idem. Reflexões a propósito do terremoto de El Salvador. *Convergência* 340 (2001) 110-118.

O mundo, a Igreja e, nela, a vida religiosa serão julgados pelo que fizerem ou não em favor dos pobres: "Eu garanto a vocês: Todas as vezes que fizerem isso a um desses menores dos meus irmãos, foi a mim que o fizeram [...] Todas as vezes que vocês não fizerem isso a um desses pequeninos, foi a mim que não o fizeram" (Mt 25,40.45).

A identidade cristã da vida religiosa, sua legitimidade, sua eficácia etc. se medem não pelo seu crescimento, pela sua coesão interna, pelo sucesso de suas ações, nem mesmo pela quantidade e intensidade de suas práticas religiosas, mas pela capacidade de tornar os religiosos e as religiosas bons samaritanos – pessoas que aliviam a dor e o sofrimento (econômico, político, psicológico, cultural, religioso, sexual, étnico etc.) dos pobres deste mundo. Eles têm a última palavra sobre a vida religiosa, como a têm sobre o mundo e a Igreja. São seus/nossos juízes!

E o são por escolha própria de Deus que os fez, nas palavras de São Gregório de Nissa (335-394), seus "representantes" na terra. "Assim é, porque o Senhor, por sua própria bondade, lhes emprestou sua identidade a fim de que por ela comovam aos que são duros de coração e inimigos dos pobres [...] Os pobres são os despenseiros dos bens que esperamos, os porteiros do Reino dos céus, os que o abrem aos bons e o fecham aos maus e desumanos. Eles são, por sua vez, duros acusadores e excelentes defensores. E defendem ou acusam, não pelo que dizem, mas pelo mero fato de ser visto pelo Juiz. Tudo o que se fizer a eles grita diante daquele que conhece os corações com voz mais forte que dum arauto."[34]

---

[34] GREGÓRIO DE NISSA, Apud. GONZÁLES FAUS, José Ignacio. *Vigários de Cristo*: os pobres na teologia e na espiritualidade cristã – antologia comentada. São Paulo: Paulus, 1996, 23.

"... E disso somos testemunhas", nesta "Terra de Santa Cruz"!*

Cinquenta anos da CRB – Conferência dos Religiosos do Brasil. Jubileu de ouro! Tempo de recordação, tempo de revisão, tempo de "refundação" (explicitar sempre de novo os *mesmos* fundamentos, voltar sempre às *mesmas* fontes da vida cristã – da vida religiosa, da congregação, instituto etc.). Tempo de festa, de celebração – ainda que em luto. Afinal, se a dor e o luto são vividos, na fé, em alegria e esperança pascais, a alegria e a festa devem ser vividas, na fé, em comunhão e luto solidários com os crucificados do nosso tempo (que não falte o "ato penitencial"!). Enfim, tempo de "Testemunho, Profecia, Esperança", como reza o lema deste jubileu – tempo de avançar (no testemunho, na profecia e na esperança) para as águas mais profundas, ameaçadoras e vivificantes dos mares da vida nesta "Terra de Santa Cruz".

Querendo ajudar às comunidades religiosas e o conjunto da Igreja do Brasil a viver com intensidade esta festa jubilar é que abordaremos, neste artigo, a problemática do *testemunho cristão nesta "Terra de Santa Cruz"*. O *testemunho* será tratado aqui não apenas como uma estratégia pastoral (eficiência, marketing/proselitismo), mas, antes de tudo, como aquilo que nos caracteriza e nos constitui como cristãos: somos testemunhas da vida, morte e ressurreição de Jesus de Nazaré a quem confessamos como Cristo. A "Terra de Santa Cruz" indica o

---

* Publicado na revista *Convergência* 375 (2004) 414-427.

"lugar" e a "hora" em que nós devemos dar testemunho de Jesus Cristo, empenhando, se preciso, a própria vida.

Mostraremos, em primeiro lugar, que a Igreja cristã (na diversidade de seus carismas e ministérios) nasce e se constitui como Igreja, precisamente, enquanto testemunha de Jesus Cristo. Em segundo lugar, veremos mais concretamente o que significa ser testemunho e dar testemunho de Jesus Cristo em uma "hora" e em um "lugar" bem concretos, recordando, solidária e agradecidamente, o testemunho de dom Pedro Casaldáliga – religioso-bispo dos pobres. E, por fim, convocaremos a CRB em seu conjunto, a cada congregação e comunidade religiosas em particular e a cada religioso e religiosa individualmente, a prosseguir, aprofundar e radicalizar o testemunho da vida, da morte e ressurreição de Jesus Cristo nesta "Terra de Santa Cruz".

1. Uma Igreja que nasce e se constitui como *testemunha* de Jesus Cristo

Embora Jesus não seja o fundador da Igreja cristã, no sentido de querer explicitamente romper com a religião judaica e criar uma nova religião (institucional, jurídica e hierarquicamente estruturada), é, sem dúvida nenhuma, seu fundamento e a razão última de sua existência.[1] Sem ele não haveria Igreja cristã. Ela nasce e se constitui, precisamente, enquanto *testemunha* de Jesus Cristo – sua vida, morte e ressurreição.

A caracterização da Igreja como testemunha de Jesus Cristo finca raízes nas estruturas cristãs (NT). Em Lucas, especialmente nos Atos dos Apóstolos, o testemunho aparece como a

---

[1] Cf. KEHL, Medard. *A Igreja*: uma eclesiologia católica. São Paulo: Loyola, 1997, 241-249; FLORISTAN, Cassiano. Igreja, in FLORISTAN SAMANES, Cassiano; TAMAYO-ACOSTA, Juan-José. *Dicionário de conceitos fundamentais do cristianismo*. São Paulo: Paulus, 1999, 354-362.

atividade apostólica por antonomásia. Segundo Rinaldo Fabris, o "tema do testemunho" constitui "uma estrutura marcante na obra de Lucas". Ele é fundamental para se "compreender a função dos doze na concepção lucana".[2]

Sua relevância e importância aparecem, já, na simples constatação da diversidade de termos usados e na quantidade de vezes que são utilizados: testemunha (13 vezes num total de 34 vezes no NT); *testemunhar* (11 vezes); testemunho (3 vezes).[3] Mas só se revelam plenamente quando são percebidos e compreendidos no sentido próprio e específico que Lucas lhe confere. Apenas Lucas, entre os sinópticos (Mt, Mc, Lc), desenvolve essa temática em *sentido cristão*: "O testemunho cristão diz respeito aos acontecimentos da história de Jesus, em particular a sua morte e ressurreição".[4]

Esse *sentido cristão* do testemunho que caracteriza a Igreja no *corpus lucanum* aparece, de modo todo especial, nos chamados discursos missionários de Pedro e Paulo nos Atos dos Apóstolos (2,16-22; 3,12-26; 10,34-43; 13,16-41; 14,15-17; 17,22-31).[5] Estruturados, provavelmente, segundo "os esquemas das antigas prédicas ou do enredo da catequese cristã de Antioquia ou de alguma outra Igreja local",[6] esses discursos

---

[2] FABRIS, Rinaldo. *Os Atos dos Apóstolos*. São Paulo: Loyola, 1991, 171.
[3] Ibidem.
[4] Ibidem.
[5] Cf. ibidem, 169; MAZZAROLLO, Isidoro. *Atos dos Apóstolos*. São Paulo: Loyola, 93. O fato de o sentido cristão que caracteriza o testemunho apostólico não aparecer tão explicitamente no discurso de Paulo no Areópago (17,22-34) e, sobretudo, no discurso em Listra (14,15-17), justifica-se por se tratar do testemunho cristão no mundo de cultura grega e de religiosidade "pagã". Não se trata de uma negação ou desvio do sentido cristão do testemunho, mas, antes, de um método ou caminho exigido pelo novo contexto onde o evangelho deve ser testemunhado (cf. FABRIS, Rinaldo. Op. cit., 327-336 e 264-268, respectivamente).
[6] Ibidem, 176.

constituem um verdadeiro "resumo do *querigma* apostólico primitivo".[7]

Sem nos atermos à análise da estrutura, da linguagem, do contexto e da especificidade de cada um desses discursos, gostaríamos apenas de reconstituir, com Fabris, o "esquema fundamental" que, "com pequenas variações ocasionais", repete-se em cada um, para, em seguida, desenvolvermos de forma mais teológica e sistemática a identidade eclesial a partir do testemunho.

De modo geral, esses discursos estão estruturados em três "partes" fundamentais: uma *introdução* que relaciona os ouvintes e a situação que justifica a intervenção do pregador; a *parte central* do discurso – proclamação da vida, morte e ressurreição de Jesus Cristo; e o *convite final* à fé e à conversão. "Pode-se logo observar o movimento circular seguido pelo discurso; parte-se do presente, a situação dos ouvintes; remonta-se à história imediatamente precedente de Jesus morto e ressuscitado [...], tendo-se como pano de fundo a grande história bíblica vista como promessa realizada em Jesus; e no fim, retorna-se ao presente, com o apelo à decisão eficaz."[8]

A parte central dos discursos explicita o caráter e o sentido cristãos do testemunho que caracteriza e constitui a Igreja: ela é testemunha da vida, morte e ressurreição de Jesus. Tomemos, a modo de exemplo, o discurso de Pedro no contexto de Pentecostes (2,14-40): "Jesus de Nazaré foi um homem acreditado por Deus diante de vós com os milagres, prodígios e sinais que Deus realizou por meio dele" (22), "vós crucificastes [...] e o matastes" (23), "mas Deus [...] o ressuscitou" (24) e "todos nós somos testemunhas disso" (32).

---

[7] RICHARD, Pablo. *O movimento de Jesus depois da ressurreição*: uma interpretação libertadora dos Atos dos Apóstolos. São Paulo: Paulinas, 1999, 98.
[8] FABRIS, Rinaldo. Op. cit., 117.

De modo que o testemunho que caracteriza e constitui a Igreja cristã, na perspectiva lucana, diz respeito à vida, morte e ressurreição de Jesus. Consideremos brevemente cada um desses elementos do testemunho cristão:

1. Antes de tudo, a *vida concreta da Jesus de Nazaré*, o ungido pelo Espírito "que passou fazendo bem e curando todos os que estavam possuídos pelo diabo" (10,38). Ao lermos as escrituras cristãs – confissão de fé das primeiras comunidades –, somos imediatamente confrontados com a bondade e a misericórdia de Jesus para com os pobres, os órfãos, as viúvas e os estrangeiros. Por mais comum e "natural" (e não "sobrenatural") que pareça, Jesus aparece, em primeiro lugar, como uma pessoa boa, misericordiosa, justa: curou muitos doentes (cegos, surdos, coxos, leprosos...), libertou muitas pessoas do poder dos espíritos maus, acolheu "pecadores" (publicanos, prostituta, fariseus, samaritana etc.), sentou-se à mesa e comeu com pecadores e desprezados etc. E fez tudo isso em nome de Deus. Mais: reconheceu nessas práticas a ação mesma de Deus; a proximidade de seu reinado.

À pergunta dos discípulos do Batista – "És tu aquele que deveria vir, ou temos de esperar outro?" (Lc 7,19) –, Jesus "responde": "Ides informar a João sobre o que vistes e ouvistes: cegos recuperaram a vista, coxos caminham, leprosos ficam limpos, surdos ouvem, mortos ressuscitam, pobres recebem a Boa-Notícia. E feliz aquele que não tropeça por minha causa" (Lc 7,22s). O reinado de Deus chega, precisamente, nessas práticas. E chega como bondade e justiça de Deus para os pobres. Ele constitui o centro da vida e da missão de Jesus. A causa fundamental da sua existência. Sua razão última de ser. Jesus vive em função desse reinado de Deus. Sua entrega e identificação com ele é tamanha que Orígenes chega a afirmar que Jesus é o reinado de Deus em pessoa (*autobasileia*). O reinado de Deus diz do seu poder de reinar, da sua autoridade, da sua soberania. "Sua marca principal é que Deus está realizando o ideal de justiça, sempre ansiado, mas nunca realizado na terra": proteção aos desamparados, fracos e pobres, às viúvas e aos órfãos.[9] Afirmar que Jesus é o reinado de Deus em pessoa é afirmar que em sua vida a soberania e a realeza de Deus – sua justiça, sempre parcial – tornaram-se realidade. Nela, Deus passou por este mundo: "Um grande profeta surgiu entre nós; Deus se preocupou com seu povo" (Lc 7,16).

Ser testemunho da vida de Jesus é, portanto, ser testemunha de sua entrega e serviço aos pobres. Numa palavra, é ser testemunha do Reino de Deus!

2. Esse Jesus que "passou fazendo o bem" (At 10,38), que anunciou e efetivou/aproximou a realeza de Deus (seu reinado) em sua própria vida, foi *crucificado e assassinado*, precisamente, por causa de sua vida. Sua morte não foi fruto de acaso nem do destino, mas consequência de seu modo de vida. Ele (seu modo de vida) "representou uma ameaça radical ao poder religioso de seu tempo, e indiretamente a todo poder opressor",[10] e este reagiu.

Embora Jesus tenha sido condenado por autoridades políticas – "Jesus morreu crucificado como malfeitor político e morreu com um tipo de morte que só o poder político, os romanos, podiam dar"[11] – e sua morte tenha sérias e importantes razões políticas (cf. Lc 23,2), não podendo ser reduzida a um crime político, ela tem razões e consequências religiosas. Ao relativizar a lei e o tempo – acolhendo e servindo às mulheres, às

---

[9] JEREMIAS, Joachin. *Teologia do novo testamento*. São Paulo: Loyola, 1977, 154.
[10] SOBRINO, Jon. *Jesus, o Libertador:* a história de Jesus de Nazaré. Petrópolis: Vozes, 1996, 288.
[11] Ibidem, 303.

crianças, aos leprosos, aos estrangeiros etc., curando em dia de sábado etc., e proclamando isso como "o ano da graça do Senhor" –, Jesus não apenas "rompe" (no sentido de relativizar) com a lei e o templo e incita outras pessoas a fazerem o mesmo, mas confronta a instância ou o critério último de legitimação da vida de Israel. Ao chamar a Deus de *Abba* e ao compreender o seu *reinado* como anúncio da Boa-Notícia aos pobres, da liberdade aos cativos, da visão aos cegos e como libertação dos oprimidos (cf. Lc 4,18s), Jesus não só deslegitimava uma determinada prática religiosa, mas apresentava a proximidade do reinado de Deus como a condição de possibilidade de acesso a Deus. Está, pois, em jogo duas percepções e duas formas específicas de se relacionar com Deus. "A necessidade de matar Jesus é, portanto, de ordem superior":[12] é preciso escolher entre o Deus de Jesus e o deus de Pilatos e das autoridades judaicas.

Ser testemunha da morte de Jesus é ser testemunha de sua fidelidade ao *Abba* e seu *reinado* até as últimas consequências e ser testemunha da rejeição e oposição dos poderes deste mundo (político e religioso) ao *Abba* e seu *reinado* em favor dos pobres. Numa palavra, ser testemunha da acolhida e da rejeição ao reinado de Deus – dos aliados e dos inimigos de Deus na instauração de seu reinado.

3. Mas a esse Jesus que "passou fazendo o bem" e que, por isso, foi assassinado, "Deus o ressuscitou". Assim como não é possível compreender a morte de Jesus senão a partir de sua vida em prol do reinado de Deus (como uma consequência direta e imediata), também não é possível compreender sua ressurreição senão a partir de sua vida e de sua morte. Quando os primeiros cristãos cantavam a exaltação de Jesus, cantavam-na como consequência de sua fidelidade: Ele "**se esvaziou de si e**

---

[12] Ibidem, 307.

tomou a condição de escravo [...], humilhou-se, tornou-se obediente até a morte, morte de cruz. Por isso, Deus o exaltou e lhe concedeu um título superior a todo título [...]" (Fl 2,6-11). A exaltação de Jesus está, portanto, diretamente vinculada à sua fidelidade ao *Abba* e seu reinado ("por isso").

A ressurreição foi o grande SIM de Deus a Jesus de Nazaré. Ele estava certo! É Deus mesmo quem o confirma ao ressuscitá-lo. Por sua bondade, misericórdia e justiça para com os pobres, revelou o rosto de Deus – *Abba* – e se tornou mediador de seu reinado. Enquanto revelador de Deus e mediador de seu reinado, tornou-se um com Deus, participante da vida e da condição divinas. Vive eternamente (Jo 17,3)!

Ao mesmo tempo em que a ressurreição é a confirmação de Jesus – de sua vida na fidelidade até a morte –, por parte de Deus, é fonte de esperança para os pobres e para todas as vítimas do antirreino. Seja pelo que tem de revelação da parcialidade e justiça de Deus – ele está do lado das vítimas e faz justiça a um crucificado –, seja pelo que tem de triunfo sobre a injustiça e a morte – os verdugos não têm a última palavra! –, seja, enfim, pela dinâmica de vida que gera – a práxis do Reino como mediação da comunhão com Deus.[13] Ao confirmar Jesus, Deus o confirma, portanto, em sua bondade, misericórdia e justiça para com os pobres. E isso é motivo de alegria (Boa-Nova, Evangelho!) e de esperança (Deus está do seu lado e vai fazer-lhe justiça) para os pobres.

Ser testemunha da ressurreição de Jesus é ser testemunha de sua radical comunhão com o *Abba* – comunhão que nem a morte destrói, e ser testemunha da bondade, misericórdia e justiça do *Abba*. É ser testemunha de que por sua bondade,

---

[13] Cf. Idem. *A fé em Jesus Cristo*: ensaio a partir das vítimas. Petrópolis: Vozes, 2000, 127-152 e 59-87, respectivamente.

misericórdia e justiça, Jesus tomou parte na vida do Deus que é bondade, misericórdia e justiça. E foi constituído Cristo, Senhor, "juiz dos vivos e dos mortos" (At 10,42). É, enfim, ser testemunha da esperança última e definitiva dos crucificados deste mundo.

4. É dessa vida, dessa morte e dessa ressurreição que a Igreja cristã é testemunha e dá testemunho: "Todos nós somos testemunhas disso" (At 2,32)! Conforme temos insistido desde o início de nossa reflexão, o testemunho da vida, morte e ressurreição de Jesus Cristo não é algo secundário ou meramente instrumental na vida cristã. É, antes, aquilo que nos caracteriza e nos constitui cristãos, Igreja. Até aqui nos detivemos no "conteúdo" do testemunho cristão, realidade que deve ser testemunhada pela Igreja ou, na linguagem de Jon Sobrino, no aspecto "objetivo" do testemunho cristão (testemunho de *algo*, em favor ou contra *algo*). Agora queremos abordar o ato ou a ação de testemunhar, o aspecto "subjetivo" do testemunho cristão, diria Sobrino (o *como do* testemunho).[14]

No nível mais básico e elementar, "testemunhar significa relatar o que se viu e ouviu",[15] informar sobre os acontecimentos, pessoas ou fatos conhecidos pela testemunha. Isso acontece tanto informalmente, nas relações interpessoais e grupais do dia a dia, quanto formalmente, nos processos judiciais. Em ambos os casos, "a palavra da testemunha torna-se para quem não viu ou ouviu um substitutivo da própria experiência".[16]

---

[14] Cf. Idem. O testemunho da Igreja na América Latina: entre a vida e a morte, in *Ressurreição da verdadeira Igreja*: os pobres, lugar teológico da eclesiologia. São Paulo: Loyola, 1982, 167-198.
[15] LATOURELLE, René. Testemunho. In: LATOURELLE, René; FISICHELLA, Rino. *Dicionário de Teologia Fundamental*. Petrópolis: Vozes, 1994, 995-1008, aqui 995.
[16] Ibidem.

Mas na medida em que o testemunho tem implicações e consequências sobre a vida de pessoas, grupos, instituições etc. (é um relato em vista de um juízo, um relato que provoca tomada de postura, de decisão, enfim, um relato que tem consequências), mais que um "fato mental" (informação, relato), constitui-se como um "fato moral" (declaração contra ou a favor de algo ou alguém). "Não se trata mais somente de descrever, como faria um jornalista, mas de a pessoa comprometer-se a si mesma e emitir um juízo de valor".[17] E aqui chegamos a um segundo nível do testemunho: ao testemunhar, a testemunha se empenha totalmente. "Sua palavra é autoempenhativa",[18] é comprometedora. Nela, estão em jogo a dignidade, a autoridade e a credibilidade da testemunha (é a "palavra de homem" do sertão nordestino, purificada de sua carga machista).

Num contexto de conflito acirrado, de hostilidade, o testemunho (precisamente por suas consequências) pode ter como "preço" a própria vida da testemunha. E aqui chegamos ao terceiro nível do testemunho: o martírio – plenitude do testemunho! O sangue derramado torna-se a última expressão da veracidade, autenticidade e, mesmo, "ultimidade" do testemunho dado. Plagiando Pedro Casaldáliga, diríamos que não existe testemunho mais forte, mais radical e mais revolucionário que "o cadáver de um mártir". Ele é sua última "palavra". Já não apenas pronuncia uma palavra a favor ou contra algo ou alguém. É, ele mesmo, a própria "palavra".

Mas, se por um lado, o testemunho se apresenta com uma "palavra" autoempenhativa da testemunha (a favor ou contra), por outro, apresenta-se como um apelo à liberdade e à confiança de quem o recebe. Pode ser aceito ou recusado, confirmado

---
[17] Ibidem.
[18] Ibidem, 996.

ou negado. Mesmo que autêntico e verdadeiro, "o testemunho não tem certeza de receber o acolhimento que merece".[19] É sempre uma "palavra" que apela à confiança na mesma medida e proporção em que se pretende verdadeira. "Acolher o testemunho de alguém como verdade significa confiar nele, pois significa passar da autonomia para a heteronomia, renunciar a si para entregar-se ao outro".[20] A relação entre testemunho e fé, e vice-versa, é mais estreita do que parece.

Falando especificamente do testemunho cristão, enquanto testemunho da vida, morte e ressurreição de Jesus de Nazaré (conforme comentamos acima), falamos, diretamente, de uma "palavra" sobre ele e a favor dele e, indiretamente, de uma "palavra" sobre e contra tudo o que a ele se contrapõe. Uma "palavra" comprometedora e "dita" não apenas nem em primeiro lugar foneticamente (Jesus disse, fez...), mas, sobretudo e fundamentalmente, "dita" existencialmente (com a própria vida, no seguimento).

É essa "palavra" ou testemunho que nos faz Igreja em qualquer tempo e lugar. Mas também é, sempre e apenas, em um *tempo e lugar concretos* que podemos ser testemunhas de Jesus Cristo – "dizer" (ser!) uma "palavra" sobre e a favor dele.

Uma abordagem sobre o testemunho cristão que se restringisse ao seu aspecto "objetivo" (a realidade que deve ser testemunhada), além de parcial, poderia cair num idealismo irrealizável historicamente que acabaria negando o testemunho naquilo que ele tem de mais próprio e fundamental: dar testemunho de... Por isso, queremos nos aproximar de uma configuração histórica do testemunho cristão: Dom Pedro Casaldáliga, bispo da Prelazia de São Félix do Araguaia – na América

---

[19] Ibidem.
[20] Ibidem, 997.

Latina, no terceiro mundo... Queremos ver como se configura o testemunho cristão em uma hora e em um lugar bem concretos.

2. Pedro Casaldáliga: uma testemunha fiel de Jesus Cristo

Em sua glosa à oração do 11º Intereclesial das CEBs, Casaldáliga afirma que "a fé se vive num lugar determinado, numa região, num país, numa hora, num tempo concreto, na história real, sendo um povo com identidade, enfrentando umas situações, lutando sempre a favor da justiça e da paz e contra os sistemas e poderes da injustiça e da morte [...]. Não podemos fugir nem da geografia nem do calendário. O mistério da Encarnação que professamos [...] devemos vivê-lo 'encarnando' nossa fé"![21] E é isso o que ele tem buscado insistentemente: viver a fé cristã, dar testemunho de Jesus Cristo num "lugar" e numa "hora" de latifúndio e de marginalização social.

Pedro Casaldáliga chegou à região de São Félix do Araguaia no final de julho de 1968, acompanhado de outro missionário claretiano – Manuel Luzón (†11/2003). Depois de sete dias e sete noites viajando num caminhão, "acampam" no povoado de São Félix. A primeira sensação é a distância: "Eu sou eu e as minhas distâncias. Não somente distâncias geográficas, mas também culturais, pastorais [...]. Isso aqui era terra de ninguém. De repente me senti no meio de 150 mil quilômetros quadrados e com missão de percorrer todo este território".[22]

---

[21] CASALDÁLIGA. Pedro. Orando e caminhando, in SECRETARIADO NACIONAL DO 11º INTERECLESIAL DAS CEBS. CEBs: *Espiritualidade libertadora*: seguir Jesus no compromisso com os excluídos. Texto Base. Belo Horizonte: Lutador, 2004, 180-183, aqui, 181.

[22] Idem. Apud ESCRIBANO, Francesc. *Descalço sobre a terra vermelha*. Campinas: Unicamp, 2000, 15.

São Félix era um povoado de uns 600 habitantes. Não tinha nem correio, nem telefone, nem energia elétrica. A sede do município ficava a 700 km, em Barra do Garças. Em toda região não havia um único médico e a única professora que existia tinha apenas um ano e meio de estudo. A maioria de seus habitantes era migrante nordestino. "Era gente perdida na imensidão, gente vinda de *enxurrada*, como falam aqui", diz Casaldáliga. "Esse povo impressionou-me por sua pobreza, mas também por sua alegria [...]. Por outro lado, também tive a sensação de que era um povo dominado: sim senhor, sim senhora. A famosa política de *cabresto*, como dizem aqui."[23]

Mas havia muito chão a percorrer, muitos outros povoados a "acampar"... As "desobrigas" (assistência sacramental aos mais distantes rincões do sertão) foram a primeira forma de contato, descoberta e conhecimento da região, dos seus problemas...: "Nesta terra é fácil nascer e morrer; difícil é viver"![24] A partir de 1971, com um número maior de colaboradores, começaram as famosas "campanhas missionárias": a equipe permanecia três meses num determinado povoado trabalhando com alfabetização (método Paulo Freire), saúde, descoberta de lideranças, formação de comunidades, mutirões etc.

Na carta que escreveu a João Paulo II, em 1986, Casaldáliga descreve, brevemente, a situação do povo de sua prelazia: "Não conta até hoje com um palmo de estrada asfaltada. Só recentemente foi instalado o serviço telefônico. Frequentemente a região fica isolada ou comunicada muito precariamente por causa das chuvas e inundações que interrompem as estradas. É área de latifúndios, nacionais e multinacionais, com fazendas agropecuárias de centenas de milhares de hectares, com os

---

[23] Ibidem, 16.
[24] Ibidem, 19.

empregados vivendo frequentemente em regime de violência ou semiescravidão. Venho acompanhando a dramática vida dos indígenas, dos posseiros (lavradores sem títulos de terra) e dos peões (trabalhadores braçais do latifúndio). A população em geral, dentro da Prelazia, tem sido forçada a viver precariamente, sem serviços adequados de educação, saúde, transporte, moradia, segurança jurídica e, sobretudo, sem terra garantida para trabalhar".[25]

É nesse "chão" e nessa "hora" que ele é chamado a dar testemunho de Jesus Cristo. Mais: é neste "chão" e nesta "hora" que ele é chamado a suscitar, animar e presidir a Igreja de Jesus Cristo. Pedro Casaldáliga foi ordenado bispo no dia 23 de outubro de 1971. No convite-lembrança de sua ordenação já indicava, claramente, os rumos de seu ministério: "Tua mitra será um chapéu de palha sertanejo, o sol e o luar, a chuva e o sereno, o olhar dos pobres com quem caminhas e o olhar glorioso de Cristo, o Senhor. Teu báculo será a verdade do Evangelho e a confiança do teu povo em ti. Teu anel será a fidelidade da Nova Aliança do Deus Libertador e a fidelidade ao povo desta terra. Não terá outro escudo que a força da Esperança e a Liberdade dos filhos de Deus, nem calçarás outras luvas que o serviço do amor". Sob sua presidência nascia "uma Igreja da Amazônia em conflito com o latifúndio e a marginalização social", conforme o título da carta pastoral publicada por ocasião de sua ordenação episcopal.

Desde que chegou a São Félix, Pedro não fez outra coisa senão servir seu povo em suas necessidades. Salvar seu povo em suas necessidades. Salvar seu povo da opressão, da morte... Para ele, "fora da Salvação não há Igreja". "Somente salvando,

---

[25] Idem. *Na procura do Reino:* antologia de textos – 1968-1988. São Paulo: FTD, 1988. 151s.

a Igreja é; só se salvando e salvando, se é Igreja; só se faz Igreja à medida que se salva o mundo."[26] E salvação tem, aqui, um sentido muito real: "Queremos e devemos apoiar o nosso povo, pôr-nos ao seu lado, sofrer com ele e com ele agir".[27] Comentando a afirmação do coronel Euro Barbosa de Barros, de que os padres e as irmãs só devem "cuidar das almas", interroga Casaldáliga: "Onde é que estão 'as almas'? Os filhos de Deus têm corpo e alma [...]. Quem ama o seu próximo deve se preocupar com a alma e com o corpo de seu próximo. 'Tive fome, estava nu, era peregrino, estava preso..., dirá Jesus no dia do Juízo".[28]

Salvação da "alma" e do "corpo", dos indivíduos, mas também da sociedade! Pedro logo percebeu que "as soluções isoladas não resolvem os problemas gerais. E a esmola nunca é solução em sociologia".[29] Por isso, além das visitas, da acolhida, do atendimento às necessidades imediatas das pessoas..., cuidou logo da organização do povo (sindicatos, associações, movimentos etc.) e organizou serviços pastorais de acompanhamento e apoio às lutas do povo, especialmente dos lavradores e dos povos indígenas. A criação do Conselho Indigenista Missionário (1972) e da Comissão Pastoral da Terra (1975) é, em grande parte, fruto do trabalho de sua Igreja. Sua atuação extrapolou não apenas as fronteiras do religioso convencional ("cuidar das almas"), mas também as fronteiras de sua Igreja Particular (São Félix do Araguaia) e, mesmo, da Igreja do Brasil, estendendo-se à sofrida e resistente América Central[30] e às mais distantes periferias do mundo. A salvação do mundo, dos

---

[26] Ibidem, 141.
[27] Ibidem, 145.
[28] Ibidem, 225s.
[29] Ibidem, 144.
[30] Cf. idem. *Nicarágua:* combate e profecia. Edição completa, com os anexos sobre Cuba e El Salvador. Petrópolis: Vozes, 1986.

pobres do mundo... tornou-se uma verdadeira obsessão em sua vida; a razão, a causa de sua vida e de seu ministério.

E como a salvação tem implicações políticas, "é preciso fazer política, sim senhor, e não se pode fazer religião verdadeira, sobretudo religião cristã, se não se faz também política. Tudo é política, embora a política não seja tudo. O mandamento primeiro, que afinal de contas é o único que nós, os cristão, temos, como disse e fez o próprio Jesus até a morte, é amar-nos uns aos outros como ele nos amou, e a prova última é dar a vida, e ele disse que tinha vindo para que houvesse vida em abundância. Se não me preocupo com a terra, com a saúde, com a educação, com as comunicações e até com as férias para descansar, não estou me preocupando com a vida humana. Porque eu tenho de preocupar-me com a vida neste mundo; a vida no outro mundo é assunto de Deus, que Ele resolverá muito bem, porque lá haverá vida, e vida em abundância, para todos. Agora nos cabe defender a vida, melhorar a vida e universalizar a vida, para todos. E se nós, a Igreja, o papa, os bispos, os padres, as freiras e todos aqueles que se consideram batizados e dentro da Igreja não fizemos política, quer dizer, não impulsionamos as consequências sociais, políticas e econômicas que a fé comporta, que testemunho de amor damos? Como construiremos na terra o Reino de Deus? Que credibilidade terá o que fazemos e o que dizemos?".[31]

Além de perceber que a salvação tem implicações políticas, Pedro percebeu que "existe a política de uns e a política de outros". Estar de um lado significa estar em conflito com o outro: "Temos dito muitas vezes que, aqui, ou você está de um lado ou do outro. Eu digo sempre que o Evangelho é para ricos e para os pobres. É para todo mundo, mas está a favor dos pobres

---

[31] Idem, apud ESCRIBANO, Francesc. Op. cit., 32.

para que saiam de sua pobreza na medida em que seja possível, para que tenham coragem, esperança, confiança e para que, até mesmo na pobreza, saibam viver como filhos de Deus e como irmãos. Também está a favor dos ricos, mas contra sua riqueza, contra seus privilégios, contra a possibilidade que têm de explorar, dominar e excluir. Eu posso me relacionar com os ricos, desde que diga as verdades e que não me deixe levar. Tenho dito muitas vezes que o missionário que uma vez por semana vai tomar café na casa de um rico não pode fazer opção pelos pobres [...]. Não é que eu não possa ir um dia tomar café na casa de um rico, mas, se vou lá toda semana e não acontece nada, não digo nada, não dou uma sacudida naquela casa, naquela consciência, já me vendi e já neguei minha opção pelos pobres".[32]

E ele optou, decidida e definitivamente, por um lado: os pobres. E com todas as consequências (pessoais, políticas, sociais, religiosas, culturais etc.) que essa opção comporta. Com a radicalidade e o humor que lhe são próprios, afirma: "Eu sempre fui de esquerda, desde pequeno eu era de esquerda, mas naqueles tempos estava proibido e não nos deixam escrever com a canhota. De modo que mesmo biologicamente eu sou de esquerda. Depois, como diz meu companheiro Milton Nascimento, naquela canção, 'amigo é coisa de se guardar debaixo de sete chaves, do lado esquerdo do peito'. À esquerda temos o coração [...]. Quando dizemos no credo que Jesus senta-se à direita do Pai, depende de como se olha. Lá no céu pode ser à direita, mas aqui na terra vai ser à esquerda".[33]

Estar de um lado é estar em "guerra" com o outro. Com apenas três anos na região, sua cabeça já estava à venda. Em

---
[32] Ibidem, 23.
[33] Ibidem, 33.

meados de 1971, o empreiteiro da Companhia Bordam, Benedito Teodoro Soares, vulgo "Boca Quente", além de disparar contra três peões que não estavam de acordo com o pagamento recebido, "ofereceu ao peão Vicente de Oliveira mil cruzeiros, um revólver 38 e uma passagem para qualquer lugar para 'matar o padre Pedro': 'Ele me pediu insistentemente que o matasse e me avisou que, se eu o denunciasse, me mataria'",[34] diz o peão à polícia. Mas as perseguições estavam apenas começando.

Na carta que escreveu ao papa em 1986, Pedro narra a perseguição que ele e sua Igreja vinham sofrendo: "Sob a ditadura militar, o governo tentou, por cinco vezes, a minha expulsão do país. Quatro vezes foi cercada a Prelazia toda por operações militares de controle e de pressão. A minha vida e a vida de vários sacerdotes e agentes de pastoral da Prelazia têm sido ameaçadas e colocadas publicamente a preço. Em várias ocasiões, esses sacerdotes, agentes de pastoral e eu mesmo fomos presos; vários deles também torturados. O padre Francisco Jentel foi preso, maltratado, condenado a dez anos de prisão, posteriormente expulso do Brasil, vindo a morrer exilado, longe de seu país de missão. O arquivo da Prelazia foi violado e saqueado pelo exército e pela polícia. O boletim da Prelazia foi editado de maneira falsificada pelos órgãos de repressão do regime e assim divulgado pela grande imprensa, para servir de peça de acusação. Ainda neste momento, três agentes de pastoral acham-se submetidos a processos judiciais, sob acusações falsas. Eu pessoalmente tive que presenciar mortes violentas, como a do padre jesuíta João Bosco Penido Burnier, assassinado a meu lado, pela polícia, quando os dois nos apresentamos diante da delegacia-prisão de Ribeirão Bonito, para reclamar oficialmente contra torturas a que estavam sendo submetidas duas

---

[34] Ibidem, 39.

mulheres, lavradoras, mães de famílias e injustamente presas. Ao longo desses anos todos, multiplicaram-se as incompreensões e calúnias dos grandes proprietários de terras, nenhum dos quais vive na região, e de outros poderosos do país e do exterior. Também dentro da própria Igreja surgiram algumas incompreensões de irmãos que desconhecem a realidade do povo e da pastoral nestas regiões afastadas e violentas, onde o povo, com frequência, tem por ele apenas a voz daquela Igreja que tenta se colocar a seu serviço".[35]

E os conflitos e ameaças prosseguem ainda hoje, em 2004. A luta dos índios Xavante para reconquistar suas terras é a causa dos conflitos e ameaças que Pedro e sua Igreja têm vivido nos últimos meses. Além da ameaça de morte que pesa sobre o bispo Pedro, a Igreja de Alto Boa Vista foi pichada com frases do tipo: "bispo traidor", "queremos padres verdadeiros" etc.

A causa da perseguição é sempre a mesma: "Somos perseguidos porque estamos com o povo, defendendo seus direitos", afirmava Pedro em uma carta de encorajamento à sua Igreja (15/06/1973). "A Prelazia de São Félix é uma Igreja perseguida porque não quis se amasiar com o poder da política e do dinheiro. E seremos cada vez mais perseguidos porque, com a força de Deus, continuaremos do lado dos oprimidos e dos pobres [...]. Deus conosco, e nós todos unidos na oração, no sofrimento, na teimosia, vamos continuar a nossa caminhada, como aquele antigo povo de Deus caminhou pelo deserto até a terra prometida".[36] Afinal, como Pedro gosta de dizer, retomando um adágio de um grupo político minoritário espanhol, "somos soldados derrotados de uma batalha invencível", isto é,

---

[35] Idem. *Na procura do reino*. Op. cit., 152.
[36] Ibidem, 225.

"mesmo que tenhamos passado por derrotas, como utópicos e como cristãos sentimos que a causa é invencível".[37]

Sua fidelidade e a fidelidade de sua Igreja aos pobres, por causa do Evangelho de Jesus Cristo, tornaram-se um sinal da fidelidade do Deus de Jesus aos pobres de sua região. Plagiando Ignácio Ellacuría, mártir salvadorenho, ao falar de Dom Oscar Romero durante seu funeral, podemos dizer que "em Dom Pedro Casaldáliga Deus passou por esta terra". Os pobres são testemunhas dessa realidade e dessa verdade. Na Romaria dos Mártires da Caminhada que aconteceu nos dias 14 e 15 de julho de 2001, em Ribeirão Bonito, onde foi martirizado o padre João Bosco Penido Burnier, uma liderança indígena agradeceu "o grande presente que Deus deu aos índios e aos pobres desta região: Dom Pedro Casaldáliga". É (presente) de Deus, vem *de* Deus... *para os pobres*, é *dos pobres*. Conversando com um jornalista espanhol sobre Casaldáliga, o índio tapirapé Awaetekêtó disse que "Dom Pedro tem a mesma palavra que os tapirapés. Pra nós, ele é tapirapé [...]. O Deus dele e o Deus dos tapirapé são o mesmo Deus".[38]

E assim tem sido a vida desse bispo tão comum e tão incomum, tão humano e tão divino: uma vida toda entregue ao Deus dos pobres e aos pobres de Deus, sempre "na procura do Reino". Pedro é uma testemunha fiel da vida, morte e ressurreição de Jesus Cristo nestas terras de malditas (assassinas) e santas (misericordiosas) cruzes. E seu testemunho é sua própria vida: "Que minha palavra, Senhor, não seja mais que minha vida", diz em um de seus poemas.

"Se não sabeis quem sou,
se vos desconcentra esta amálgama de amores que cultivo;

---

[37] Idem. *Revista das Religiões*, Ed. 7 (março-abril, 2004), 61.
[38] Idem, apud ESCRIBANO, Francesc. Op. cit., 78.

uma flor para o Che, toda horta para o Deus de Jesus.
Se me desvio por abençoar uma cerca derrubada
e o mito de uma aldeia redivivo.
Se tento a Deus por Nicarágua alerta,
por este continente ainda cativo.
Se ofereço o Pão e o Vinho em meus altares
sobre uma toalha de mãos populares...
Sabei: do Povo venho, ao Reino vou.
Tomai-me por latino-americano,
tomai-me simplesmente por cristão,
se acreditas em mim e não sabeis quem sou!"

3. Terra de Santa Cruz, "lugar" e "hora" de testemunho da vida religiosa

Por "ironia do destino" (!?), o Brasil foi "batizado" pelos colonizadores como "Terra de Santa Cruz". Era 22 de abril de 1500, quando as tropas de Cabral avistaram um monte, que foi "batizado" como *Monte Pascoal*, e uma porção de terra, a qual se "batizou" de *Ilha de Vera Cruz* (pensavam que era apenas uma ilha!). Plena Semana Santa de 1500. A primeira missa celebrada nestas terras aconteceu exatamente no domingo de Páscoa, 26 de abril. No dia 1º de maio, após ter sido "erguida a cruz de Cristo em terra firme", Frei Henrique Soares "rezou" a segunda missa. No dia seguinte, a expedição de Cabral tomou o rumo das Índias à procura do que realmente interessava naquele momento (o comércio das especiarias), deixando aqui "dois degredados" portugueses. Assim nascia o que mais tarde se chamaria, por razões explicitamente comerciais (pau-brasil) – não mais travestidas de religiosas –, o Brasil: Uma "nação" "cristã", "católica", nascida em plena semana santa, trazendo no nome a marca de sua identidade mais profunda (Ilha, terra de) "Vera Cruz", e rodeada, desde o início, de "degredados" (portugueses, nativos, africanos...).

Ironias à parte, essa coincidência histórica pode nos ajudar a compreender mais profundamente nossa realidade e indicar os rumos de nossa missão cristã nestas, ainda hoje, terras de santa cruz.

A *Vera Cruz* é, antes de tudo, expressão do verdadeiro pecado. Nas palavras de Dom Oscar Romero: "Pecado é aquilo que deu morte ao Filho de Deus e pecado continua sendo aquilo que dá morte aos filhos de Deus".[39] São muitos os crucificados de nossa terra. Muitas são suas cruzes e diversas suas formas de crucificação. Os gemidos e choros dos "degredados filhos de Eva" têm feito de nossa terra um verdadeiro "vale de lágrimas". A *Vera Cruz* é, portanto, expressão da "*Vera* Dor", do "*Vero* Sofrimento" e da "*Vera* Morte" dos pobres desta terra. Por isso, ela é, verdadeiramente, "Terra de Vera Cruz".

Mas a *Vera Cruz* é também expressão do verdadeiro amor, da verdadeira entrega, do verdadeiro serviço. Amor, entrega, serviço... apesar de, e mesmo, na *Vera Cruz*. São tantas as experiências e as expressões de bondade, de solidariedade, de partilha, de luta... São tantas as vidas completamente doadas: Zumbi, Marçal, Margarida, Jozimo, Ezequiel, Santo Dias, João Bosco, Frei Tito, Dorcelina... Tudo isso tem feito de nossa terra, apesar de tudo e até contra tudo, uma *Terra de Santa Cruz*. Uma terra que vive em comunhão com o Santo, que vive n'Aquele e d'Aquele que, ao entregar-se – é meu corpo e meu sangue pra vocês –, se tornou fonte de vida para as vítimas de *Vera Cruz*. Uma terra em que a *Vera Cruz* se torna lugar e ocasião da *Santa Cruz*.

---

[39] ROMERO, Mons. Oscar. *Su Pensamiento* – VIII. San Salvador: Critério, 2000, 231.

É nesta *Terra de Vera e Santa Cruz* que somos chamados a ser testemunhas e a dar testemunho de vida, morte e ressurreição de nosso Senhor Jesus Cristo. É entre os degredados desta terra, do seu lado e a seu serviço que, como Pedro Casaldáliga e tantos e tantas, somos chamados a ser cristãos, a ser Igreja de Jesus Cristo.

A celebração do jubileu de ouro da CRB, para além de comemoração dos sucessos, de agradecimentos..., deve ser ocasião de confirmação e afirmação do testemunho cristão na vida de cada religioso/a, comunidade, congregação, ordem, instituto... e, mesmo, da CRB no seu conjunto e enquanto instituição eclesial.

O Brasil, *Terra de Santa Cruz*, continua sendo "lugar" e "hora" de testemunho cristão – *testemunho do mistério da Santa Cruz*. Os pobres continuam sendo a maioria nesta terra e continuam sendo os destinatários privilegiados do reinado de Deus e da missão da Igreja de Jesus Cristo; não são passado (foi, era...) nem na sociedade brasileira nem na fé cristã. O serviço, a solidariedade, a justiça etc. não são resquícios de um mundo que passou. O neoliberalismo não tem a última palavra! A inserção no meio dos pobres pode estar fora de moda, mas nem por isso deixa de ser exigência e urgência evangélicas. A diversidade, a comunhão, a superação dos conflitos, a ecologia, o holismo etc. são valores e práticas a serem vividos, mas não podem ofuscar os conflitos nem desobrigar-nos da parcialidade pelos pobres.

Enquanto Igreja de Jesus Cristo, somos suas testemunhas. De nosso testemunho depende, em grande parte, a adesão ou rejeição a ele, o prosseguimento ou não de sua missão, enfim, a vida e a esperança ou a morte dos pobres desta terra e deste mundo. É muita responsabilidade! Nisso e por isso somos e seremos julgados (individual, comunitária e institucionalmente) por Deus no tribunal dos pobres! Eles são, no Juiz, nossos juízes e senhores. São a prova de fogo de nosso testemunho cristão que é, sempre, de alguma forma, testemunho a favor ou contra os pobres deste mundo (Mt 25,31-46).

Em conclusão

A reflexão sobre o testemunho cristão, por natureza e estrutura, é extremamente comprometedora. Exige de nós uma tomada de posição, contra ou a favor, ante o testemunho dado pelos nossos antepassados na fé. Tomada de posição que é, já, em si mesma, testemunho contra ou a favor.

Qualquer reflexão sobre o testemunho é, em última instância, um apelo, uma convocação ao testemunho. Por isso, nada melhor que concluir nossa reflexão sobre o testemunho cristão, nos 50 anos da CRB, com uma convocação carregada de profecia, poesia, radicalidade, autoridade, fidelidade etc. de uma testemunha fiel, Pedro Casaldáliga:

> Certamente a vida religiosa deve ser cada vez mais testemunho de alternatividade, de radicalidade evangélica, de diaconia, de compaixão e esperança. Deve ser a vida religiosa sempre mais uma profecia diária dentro da Igreja e na sociedade, com uma grande abertura ecumênica e macroecumênica, na fronteira das causas humanas e na periferia da marginalização... Contando muito, pela contemplação, com o Espírito do Crucificado Ressuscitado.

"Novas" diretrizes da ação evangelizadora
"Ajuste pastoral"!?*

Na última assembleia geral da CNBB, maio de 2011, os bispos aprovaram as "novas" Diretrizes Gerais da Ação Evangelizadora da Igreja no Brasil para os próximos cinco anos (2011-2015).[1] Do ponto de vista da escrita, é um texto relativamente pequeno, leve, fluente e de fácil leitura. Do ponto de vista teológico-pastoral – muito marcado pelos escritos e pelas preocupações e orientações pastorais de Bento XVI e muito afinado com as tendências intraeclesiais dos novos movimentos eclesiais –, parece consolidar um "ajuste pastoral" na Igreja do Brasil, caracterizado por certa relativização dos problemas do mundo e por uma preocupação excessiva com a vida interna da Igreja, concentrando aí todas as "urgências na ação evangelizadora".

Não vamos analisar detalhada e exaustivamente o texto, mas simplesmente explicitar sua estrutura ou lógica interna e mostrar como ela consolida um "ajuste pastoral" na Igreja do Brasil, em curso nas últimas décadas.

1. Estrutura do texto

Nas trilhas do Documento de Aparecida, o texto fala de nosso tempo como "um tempo de transformações profundas", tão

---

* Publicado em *REB* 248 (2011) 926-931.
[1] Cf. CNBB. *Diretrizes Gerais da Ação Evangelizadora da Igreja no Brasil*: 2011-2015. Brasília: CNBB, 2011. A partir de agora, os números entre parênteses, sem outra indicação, remetem a páginas desta obra.

profundas que pode ser caracterizado como uma "mudança de época", mais que uma "época de mudanças" (19). E continua: "mudanças de época são, de fato, tempos desnorteadores, pois afetam os critérios de compreensão, os valores mais profundos, a partir dos quais se afirmam identidades e se estabelecem ações e relações" (20). Duas "atitudes" fundamentais, segundo o texto, marcam o nosso tempo: "agudo relativismo" e "fundamentalismos". Atitudes que se desdobram em outras tantas como o "laicismo militante", a "irracionalidade da chamada cultura midiática", o "amoralismo generalizado", as "atitudes de desrespeito diante do povo" e "um projeto de nação que nem sempre considera adequadamente os anseios deste mesmo povo" (20).

Tudo isso tem implicações na ação pastoral/evangelizadora da Igreja: "mudanças de época pedem um tipo específico de ação evangelizadora, a qual, *sem deixar de lado* aspectos urgentes e graves da vida humana, *preocupa-se* em ajudar a encontrar e a estabelecer critérios, valores e princípios. São tempos propícios para volta às fontes e busca dos aspectos centrais da fé" (24); "ao reconhecer a mudança de época como o maior desafio a ser atualmente enfrentado, o discípulo missionário *não se esquece* das ameaças à vida de pessoas, povos e até mesmo de todo o planeta. Essas ameaças permanecem e necessitam ser, corajosa e profeticamente, enfrentadas. Contudo, nesse enfrentamento, o discípulo missionário se depara com a fragilidade dos critérios para ver, julgar e agir" (27). "Quando a realidade se transforma, devem, igualmente, se transformar os caminhos pelos quais passa a ação evangelizadora [...]. Enquanto *em outros períodos da história*, os discípulos missionários precisavam dar as razões de sua esperança como consequências de critérios firmemente aplicados, *em nossos dias*, são os próprios critérios que vêm experimentando abalo" (25). Nesse contexto, recorrendo ao Documento de Aparecida, fala de "conversão pastoral" (26,34).

E é aqui onde se explicita e se justifica "a grande diretriz evangelizadora que, neste início de século XXI, acompanha a Igreja: não colocar outro fundamento que não seja Jesus Cristo"; "respondemos missionariamente à mudança de época com o recomeçar a partir de Jesus Cristo" (24).

Nesse contexto, o documento aborda o que considera as "urgências na ação evangelizadora", sempre na perspectiva de resposta ao que considera o grande desafio de nossa época, isto é, a necessidade de critérios de discernimento e de ação: Igreja em estado permanente de missão;[2] Igreja: casa de iniciação à vida cristã;[3] Igreja: lugar de animação bíblica da vida e da pastoral;[4] Igreja: comunidade de comunidades;[5] Igreja a serviço

---

[2] "Na medida em que as mudanças de época atingem os critérios de compreensão, os valores e as referências, os quais já não se transmitem mais com a mesma fluidez de outros tempos, torna-se indispensável anunciar Jesus Cristo" (32). "Este é o grande serviço que a Igreja [...] é chamada a prestar neste momento da história" (36).

[3] "Em outras épocas, era possível pressupor que o primeiro contato com a pessoa e a mensagem de Jesus Cristo acontecia na sociedade [...]. A mudança de época exige que o anúncio de Jesus Cristo não seja mais pressuposto, porém explicitado continuamente" (39). "Esta é a razão pela qual cresce o incentivo à iniciação à vida cristã" (40).

[4] "Vinculado com a iniciação à vida cristã, o atual momento da ação evangelizadora convida o discípulo missionário a redescobrir o contato pessoal e comunitário com a Palavra de Deus como lugar privilegiado de encontro com Jesus Cristo" (45). "É, pois, no contato eclesial com a Palavra de Deus que o discípulo missionário, permanecendo fiel, vai encontrar forças para atravessar um período histórico de pluralismo e grandes incertezas" (47).

[5] "Ao mesmo tempo em que se constata, nesta mudança de época, uma forte tendência ao individualismo, percebe-se igualmente a busca por vida comunitária" (56). "Em tempos de incerteza, individualismo e solidão, a presença de uma comunidade próxima à vida, às alegrias e às dores é um serviço que urge prestar ao mundo que necessita vencer a 'cultura de morte'" (64).

da vida plena para todos.[6] E indica algumas perspectivas de ação.

2. "Ajuste pastoral"!?

Certamente, *não há uma negação nem uma ruptura radical* com a tradição eclesial/pastoral em curso nas últimas décadas, mas há, sem dúvida, um novo enfoque e uma nova orientação/ diretriz que, tomando emprestada a expressão usada por Clodovis Boff para se referir à mudança eclesial/pastoral realizada pela Conferência de Santo Domingo, poderíamos, com as devidas diferenças e proporções, caracterizar como um "ajuste pastoral"[7] na Igreja do Brasil.

Por um lado, afirma claramente que "olhar para a mudança de época e para o necessário (re)enraizamento de critérios, longe de significar o afastamento dos problemas concretos e urgentes da vida de nosso povo, significa buscar uma base

---

[6] "O serviço testemunhal à vida, de modo especial à vida fragilizada e ameaçada, é a mais forte atitude de diálogo que o discípulo missionário pode e deve estabelecer com uma realidade que sente o peso da cultura da morte. Na solidariedade de uma Igreja samaritana, o discípulo missionário vive o anúncio de um mundo diferente que, acima de tudo, por amor à vida, convoca à comunhão efetiva entre todos os seres vivos" (72).

[7] BOFF, Clodovis. O *"Evangelho" de Santo Domingo*: os dez temas-eixo do Documento da IV CELAM. Petrópolis: Vozes, 1994, 26. "Com 'ajuste pastoral' entendemos a retomada do caminho já tradicional da Igreja latino-americana, mas dando-lhe outra direção, uma direção não contrária, mas *diferente* da estabelecida. Na verdade, trata-se de um redirecionamento global. Por ele, os bispos reassumem a caminhada que vem de Medellín, mas num outro contexto e por isso com outra sensibilidade, numa *outra ótica*" (ibidem, 26s). Para Boff esse "ajuste pastoral" realizado por Santo Domingo se dá num duplo sentido. "Primeiro, *ad intra*, Santo Domingo reforça a Igreja-hierarquia, enfraquecendo a Igreja-Povo de Deus. Segundo, *ad extra*, a IV CELAM privilegia a dimensão propriamente evangelizadora da Igreja, enfatiza sua função especificamente religiosa e missionária [...], mas [...] não de modo a radicalizar a missão social da Igreja, mas antes a *relativizá-la*" (ibidem, 27). No que diz respeito às "novas" Diretrizes, o "ajuste pastoral" tem a ver fundamentalmente com esse segundo sentido a que se refere Boff.

realmente sólida para enfrentá-los" (27). E sempre que fala do que considera o desafio maior da época atual, faz uma ressalva: "sem deixar de lado..." (24); "por certo [...] não se esquece..." (27).

Por outro lado, insiste em que, não obstante a importância dos "problemas concretos e urgentes da vida do nosso povo", o desafio (ou a urgência) maior é outro: "sem deixar de lado...", preocupa-se..." (24); "por certo..., contudo..." (27).

Na verdade, esse "ajuste pastoral" vem se dando lentamente nos últimos anos e já aparece claramente delineado nas DGAE 2003-2006, quando, ao tratar das exigências intrínsecas da evangelização, estabelece uma ordem/hierarquia na qual o anúncio explícito de Jesus Cristo tem primazia absoluta: "a ordem 'serviço-diálogo-anúncio-comunhão' expressa, portanto, uma sequência pedagógica das exigências – todas elas essenciais – da evangelização. Do ponto de vista das finalidades ou dos valores, porém, o anúncio do Evangelho deve ter primado ou prioridade permanente. É para ele que se volta a evangelização ou missão" (16).[8]

---

[8] Essa ordenação/hierarquização das exigências constitui uma "novidade" carregada de significados e de consequências para a compreensão e dinamização da ação pastoral/evangelizadora. Desde o Plano de Pastoral de Conjunto, a Igreja do Brasil tomou como quadro de referência da ação pastoral o que, inicialmente, denominou as seis "linhas" da ação pastoral (1966-1970; 1971-1974; 1975-1978 e de 1979-1982) e, posteriormente, as seis "dimensões" da ação pastoral (1983-1986, de 1987-1990, de 1991-1994) ou as quatro "exigências" intrínsecas da ação evangelizadora (1995-1998; 1999-2002, 2003-2006; 2007-2010). E desde o início eram tratadas como linhas ou dimensões ou exigências constitutivas e complementares da ação da Igreja. Depois de Santo Domingo, as diretrizes começam a dar uma ênfase maior ao anúncio explícito de Jesus de Cristo – concretamente, a partir das diretrizes de 1995-1998. Mas é com as diretrizes de 2003-2006 que essa ênfase consolida uma compreensão de missão/evangelização centrada no anúncio explícito de Jesus Cristo. Certamente, essa sempre foi uma linha/dimensão/exigência intrínseca e constitutiva da ação pastoral/evangelizadora da Igreja. Mas uma dentre outras: serviço, diálogo, anúncio, comunhão – para usar a formulação das últimas diretrizes. Essa concentração e primazia do anúncio sobre as demais, entretanto, é algo "novo" e significa, na prática, uma "nova" orientação/

3. Necessidade de um ajuste evangélico

A questão teológico-pastoral de fundo do que estamos chamando "ajuste pastoral" da Igreja do Brasil é se a finalidade última da missão cristã é mesmo o anúncio explícito de Jesus Cristo ou se, inclusive, a necessidade desse anúncio não se dá em vista de algo mais fundamental e decisivo, do ponto de vista teológico, que é a realização histórica do reinado de Deus. Não se deve esquecer de que Jesus nunca fez de si o centro de sua vida e missão. Viveu, morreu e ressuscitou por causa do reinado de Deus. Por mais que se tenha entregado a ele e assim tenha se identificado com ele (neste sentido, Orígenes podia falar de Jesus como *autobasileia* – o reinado de Deus em pessoa), vivia e agia em função dele. O reinado de Deus e não Jesus mesmo constituía o centro de sua vida e missão e, consequentemente, deve constituir o centro da vida e da missão da Igreja – seu corpo vivo e atuante na história. E por fidelidade ao próprio Jesus. Sem dúvida, a Igreja deve anunciar explicitamente Jesus Cristo. Mas, precisamente, por causa e em função da realização do reinado de Deus, cujo critério histórico, posto pelo próprio evangelho, não é outro senão o caído à beira do caminho (Lc 10,25-37), as necessidades da humanidade sofredora (Mt 25,31-46). Aliás, segundo o mesmo evangelho, esse é, inclusive, o critério de encontro com e de fidelidade ao próprio Jesus que se identifica com a humanidade sofredora. De modo que se o desafio ou a urgência maior de nosso tempo, como afirmam as "novas" diretrizes, diz respeito à necessidade de critérios de discernimento e de ação, estes já estão postos pelo próprio Jesus no evangelho: as necessidades da humanidade sofredora, com a qual ele mesmo se identifica. E ai de quem se escandalizar com isso...

---

diretriz para a ação pastoral/evangelizadora da Igreja no Brasil, o que estamos chamando aqui de "ajuste pastoral".

O limite ou mesmo o desvio teológico-pastoral das "novas" DGAE, parece-nos, provém de uma leitura insuficiente da realidade (culturalista) e, a partir dela, de uma definição/escolha equivocada do desafio maior de nosso tempo (relativismo) e da resposta pastoral a esse desafio (vida interna da Igreja).

O capítulo que trata das "marcas do nosso tempo" considera a realidade meramente do ponto de vista cultural e, nesse sentido, pode ser considerado como uma abordagem culturalista e, enquanto tal, reducionista e mesmo falsificadora da realidade. É curioso que o texto não faça praticamente nenhuma referência à situação de miséria e pobreza no país, às diversas formas de opressão e exclusão... É a primeira vez que isso acontece num documento como esse (podem consultar e verificar todas as diretrizes anteriores). Será que a realidade pode ser reduzida à sua dimensão cultural? E as dimensões social, política e econômica? Por que esse recorte ou reducionismo da realidade? Em todo caso, um olhar culturalista sobre a realidade é insuficiente para captar as marcas mais profundas do nosso tempo.

Essa leitura culturalista da realidade condicionou, negativamente, a identificação do drama ou do desafio maior do nosso tempo. Dá a impressão de que o texto se refere a um país do primeiro mundo, onde o problema da miséria e mesmo da pobreza é praticamente inexistente (embora a situação venha mudando consideravelmente nesses países nos últimos anos). Ou, o que parece ser o caso, que a obsessão contra o relativismo moral (sexual, sobretudo) parece abafar o grito dos pobres e oprimidos ou desviar a atenção dos pastores dos lamentos e das necessidades maiores do nosso tempo, que são os lamentos e as necessidades da humanidade sofredora. O sinal e o desafio maior do nosso tempo continuam sendo a injustiça social, e não o relativismo.

Consequentemente, a resposta pastoral adequada a essa realidade só pode ser o compromisso cada vez mais intenso com os pobres e os oprimidos e o critério evangélico fundamental que deve orientar a ação pastoral/evangelizadora da Igreja neste contexto não pode ser outro senão a justiça aos pobres e oprimidos deste mundo. Não aconteça que ocupada excessivamente com sua vida interna (Bíblia, liturgia, comunidades, missão etc.), a Igreja passe à margem do Senhor que continua se identificando com os caídos à beira do caminho...

O risco das "novas" DGAE é esfriar e enfraquecer ainda mais a opção pelos pobres e o compromisso com a construção de uma sociedade mais justa e fraterna, centrar ou mesmo fechar a Igreja sobre si mesma, comprometendo sua missão de construção do reinado de Deus e sufocando-a com um conjunto de atividades pastorais/evangelizadoras que no fim das contas acaba ironicamente reduzido àquilo que as próprias DGAE querem evitar e/ou superar, isto é, uma pastoral de mera "manutenção" ou "conservação" (26,34).

Nem sequer a quinta urgência na ação evangelizadora ("Igreja a serviço da vida plena para todos") evita sem mais esse risco. É que ela é apresentada de um modo tão abstrato e genérico que termina sendo ineficaz. Por um lado, ao indicar perspectivas de ação, destaca algumas realidades que merecem uma atenção especial: família (108), crianças, adolescentes e jovens (109), trabalhadores/as (110), migrantes (111), populações indígena e africana (113), natureza (114), universitários, mundo da comunicação, empresários, políticos (117). Se tudo é prioritário (da criança ao idoso, do pobre ao empresário...), que resta efetivamente da opção pelos pobres ou mesmo da opção preferencial pelos pobres? Quando tudo é prioridade, nada mais é prioridade. E assim se esvazia e se dissolve a opção pelos pobres... Por outro lado, quando se refere ao enfrentamento das "urgências que decorrem da miséria e da exclusão", o documento fala do "gesto imediato da doação caritativa" e do "convívio, relacionamento fraterno, atenção, escuta, acompanhamento nas dificuldades, buscando, a partir dos próprios pobres, a mudança de sua situação" (71). É verdade que "reconhece a importância da atuação no mundo da política" (71, 115) e que recomenda o empenho "na busca de políticas públicas" (116), mas já não se fala mais de transformação das estruturas da sociedade – um vocabulário estranho e desconhecido no texto... Curiosamente, saiu do objetivo geral das DGAE a perspectiva de colaboração na construção de uma sociedade justa e fraterna ou solidária – algo presente desde as primeiras diretrizes... Por quê? Que significa isso?

Por tudo isso, cremos ser necessário fazer um *ajuste evangélico* ao "ajuste pastoral" das "novas" DGAE que, sem negar a importância de Jesus Cristo e de seu anúncio, nem o cuidado com a vida interna da comunidade eclesial, ponha no centro da vida e da missão da Igreja o que o próprio Jesus pôs no centro de sua vida e missão: o reinado de Deus, cuja característica fundamental é a justiça aos pobres e oprimidos deste mundo que continuam, inclusive, o grande critério histórico de nossa fidelidade a Jesus Cristo e à Causa pela qual viveu, morreu e ressuscitou.

Igreja dos pobres
Do Vaticano II a Medellín e aos dias atuais*

Em sua mensagem ao mundo no dia 11 de setembro de 1962, um mês antes da abertura do Concílio Vaticano II, o papa João XXIII, falando da missão da Igreja no mundo de hoje, apresenta, de forma surpreendente e inesperada, o que qualifica como um "ponto luminoso": "pensando nos países subdesenvolvidos, a Igreja se apresenta e quer realmente ser a Igreja de todos, em particular, a Igreja dos pobres".[1] E, assim, aparece na pauta do Concílio o tema/assunto da *Igreja dos pobres*.

É verdade que esse assunto teve uma acolhida e uma repercussão muito tímidas no Concílio. E nem podia ser diferente. Afinal, não obstante todos os méritos e toda sua importância, o Vaticano II foi fundamentalmente um Concílio das Igrejas do primeiro mundo: sua pauta foi a pauta dessas Igrejas. Mesmo assim, a indicação/provocação profética de João XXIII fez-se presente ao longo de todas as sessões conciliares, sobretudo através do grupo de bispos que ficou conhecido como "Igreja dos pobres". Mas é na Conferência do Episcopado Latino-americano em Medellín (1968) que ela encontrará terra fértil. A partir daí a Igreja na América Latina vai se tornando cada vez mais a Igreja dos pobres – sacramento universal da salvação.

---

* Artigo publicado na *REB* 288 (2012) 807-830.
[1] JOÃO XXIII. Mensagem radiofônica a todos os fiéis católicos, a um mês da abertura do Concílio, in VATICANO II. *Mensagens discursos e documentos*. São Paulo: Paulinas, 2007, 20-26, letra L.

Celebrando os 50 anos dessa mensagem "luminosa" que indicou profeticamente (para alegria de uns e escândalo de outros) os rumos que a Igreja tem que tomar se quiser ser de fato a Igreja de Jesus Cristo, queremos recordar (trazer de novo para o coração da fé e da Igreja) sua importância e seu impacto no Concílio e na Igreja latino-americana, bem como sua atualidade e relevância histórico-teologais. Para isso, começaremos abordando a acolhida e a repercussão do tema no Concílio (1) e na Conferência de Medellín (2) e concluiremos tratando de sua atualidade e relevância histórico-teologais (3).

1. "Igreja dos pobres" no Concílio Vaticano II

Na Constituição Apostólica de convocação do Concílio Vaticano II (25/12/1961), o papa João XXIII julga fazer parte de seu ministério apostólico "procurar envidar todos os esforços para que a Igreja venha a contribuir, pelo trabalho de seus filhos, na busca de soluções idôneas para os grandes problemas humanos de nossa época".[2] E é nesse sentido que justifica a convocação de um novo concílio: "O que está em jogo é a juventude sempre irradiante de nossa mãe Igreja, chamada a estar presente em todos os acontecimentos humanos e a se renovar constantemente com o passar dos séculos, adquirindo em cada época ou circunstância um novo brilho e enriquecendo-se com novos méritos, apesar de permanecer sempre a mesma, refletindo sempre a imagem de Jesus Cristo, que a ama e a protege como esposo".[3]

Em sua mensagem ao mundo de 11 de setembro de 1962, por sua vez, fala do Concílio "em vista da mais sábia possível

---

[2] Idem. Constituição Apostólica *Humanae Salutis*. Convocação do Concílio Ecumênico Vaticano II, in Op. cit., 11-18, n. 6.
[3] Ibidem, n. 7.

aplicação hoje do magistério evangélico de Cristo, que há vinte séculos ilumina a humanidade salva por seu sangue".[4] E no discurso de abertura do evento conciliar (11/09/1962), afirma que "o Concílio deve cuidar, sobretudo, de conservar e propor de maneira mais eficaz o depósito da fé":[5] "a Igreja deve se manter fiel ao patrimônio da verdade recebida do passado e, ao mesmo tempo, estar atenta ao presente e às novas formas de vida introduzidas pela modernidade, que abrem perspectivas inéditas ao apostolado católico";[6] "a doutrina é sempre a mesma, mas é preciso que seja mais ampla e profundamente conhecida [...]. A doutrina certa e imutável [...] deve, pois, ser investigada e exposta pela razão de acordo com as exigências da atualidade. Uma coisa é o depósito da fé [...], outra, o modo como [as verdades da fé] são expressas".[7]

Por fim, na mensagem enviada à humanidade pelos padres conciliares em comunhão com o papa em 20 de outubro de 1962, uma semana depois do início dos trabalhos, afirma-se: "Sob a conduta do Espírito Santo, queremos descobrir, nesta reunião, o que fazer para nos renovarmos, tornando-nos cada dia mais fiéis ao evangelho de Cristo e procurando como exprimir a verdade de Deus, íntegra e pura, para que os seres humanos de hoje a entendam e a acolham na liberdade".[8]

Não por acaso, costuma-se referir à problemática e ao desafio centrais do Concílio em termos de *Aggiornamento*: atualização, renovação, rejuvenescimento. E *aggionarmento* em

---

[4] Idem. Mensagem radiofônica a todos os fiéis católicos, a um mês da abertura do Concílio. Op. cit., n. 25a.
[5] Idem. Discurso do papa João XXIII *Gaudet Mater Ecclesia* na abertura solene do Concílio, in op. cit., 27-35, n. 45.
[6] Ibidem, n. 49.
[7] Ibidem, n. 55.
[8] Mensagem enviada à humanidade pelos membros do Concílio Ecumênico Vaticano II, com o assentimento do soberano Pontífice, in op. cit., 35-38, n. 72.

referência aos *sinais dos tempos*.⁹ Duas expressões fundamentais para se entender o Concílio, tal como foi pensado e proposto por João XXIII.

A partir e em vista dessa intuição fundamental (*aggiornamento – sinais dos tempos*), pode-se compreender melhor os três grandes temas propostos pelo papa ao Concílio: abertura ao mundo moderno, unidade dos cristãos e Igreja dos pobres.¹⁰ Sem dúvida, os dois primeiros temas encontraram muita acolhida entre os padres conciliares e determinaram os rumos do Concílio – respondiam mais aos interesses das igrejas do primeiro mundo. Entretanto, ainda que de forma marginal e secundária, o tema da "Igreja dos pobres" fez-se presente ao longo de todo o evento conciliar como um clamor que irrompia dos países pobres e do mundo operário dos países ricos e provocava/desafiava profeticamente a Igreja.

Conforme indicamos acima, o tema aparece pela primeira vez na mensagem enviada ao mundo pelo papa João XXIII no dia 11 de setembro de 1962 – exatamente um mês antes da abertura do Concílio. O curioso é que o tema não aparece nos primeiros textos do papa sobre o Concílio e, mesmo nessa mensagem, aparece de forma surpreendente e inesperada.¹¹ Falando de Cristo como luz e da missão da Igreja no mundo, o papa lembra os "graves problemas" que o mundo enfrenta, a preocupação e responsabilidade da Igreja com esses problemas e a contribuição que o Concílio poderá dar para a solução deles, "com base na dignidade do ser humano e em sua vocação cristã". Para isso, assinala alguns pontos importantes: a igualdade

---

⁹ Cf. BOFF, Clodovis. *Sinais dos tempos*: princípios de leitura. São Paulo: Loyola, 1979.
¹⁰ Cf. GUTIÉRREZ, Gustavo. O Concílio Vaticano II na América Latina, in BEOZZO, José Oscar (org.). *O Vaticano II e a Igreja latino-americana*. São Paulo: Paulinas, 1985, 17-49, aqui 23.
¹¹ Cf. ibidem, 27s.

de todos os povos no exercício dos direitos e deveres, a defesa do matrimônio, a responsabilidade social. Nesse contexto, acrescenta o que qualifica como "outro ponto luminoso", vale repetir: "pensando nos países subdesenvolvidos, a Igreja se apresenta e quer realmente ser a Igreja de todos, em particular, a Igreja dos pobres".[12]

Comentando esse texto, Gustavo Gutiérrez destaca três aspectos fundamentais. Em primeiro lugar, "o papa situa a Igreja em relação aos países pobres", tratados não mais como países "em via de desenvolvimento", como na *Mater et Magistra*, mas como "países subdesenvolvidos".[13] É o mistério mesmo da Igreja (libertação em Cristo, proximidade do Reino de Deus) que é pensado em sua relação essencial com os pobres. Em segundo lugar, ele "estabelece os termos de uma relação importante": "Igreja de todos" (universalidade da missão) – "Igreja dos pobres" (particularidade, predileção). "Essa dialética entre universalidade e particularidade é capital para compreender a mensagem cristã e o que Deus se revela nela".[14] Por fim, "João XXIII apresenta esse modo de ver a Igreja como uma realidade em processo": ela "é e quer ser". Noutras palavras, "nem tudo está feito. A Igreja ainda não é tudo o que deveria ser, há um trajeto histórico a empreender".[15] Como bem afirma Gutiérrez, "trata-se de um texto breve, mas no qual cada palavra é importante. Sua sobriedade e modéstia não devem fazer-nos esquecer de seu caráter de fonte".[16]

E, de fato, ele se tornou "fonte" de um movimento de extrema importância no processo de renovação conciliar da Igreja:

---

[12] JOÃO XXIII. Mensagem radiofônica a todos os fiéis católicos, a um mês da abertura do Concílio. Op. cit., letra L.
[13] GUTIÉRREZ, Gustavo. Op. cit., 29.
[14] Ibidem, 30.
[15] Ibidem.
[16] Ibidem.

sua relação essencial com os pobres deste mundo. Movimento dinamizado e articulado por um grupo de padres conciliares que ficou conhecido como o nome de "Igreja dos pobres".[17] Provocados e inspirados pela experiência do padre Paul Gauthier e da religiosa carmelita Marie-Thérèse Lescase junto aos operários de Nazaré, bem como pelo livro *Os pobres, Jesus e a Igreja*, de Paul Gauthier,[18] vários bispos e teólogos passaram e se reunir regularmente no Colégio Belga de Roma sob a presidência do cardeal francês Gerlier em torno do projeto da "Igreja dos pobres". Esse grupo se tornou um lugar privilegiado de sensibilização e reflexão teológica sobre a relação entre Jesus, a Igreja e os pobres, e fonte de inspiração de muitas intervenções nas aulas conciliares,[19] dentre as quais merece destaque a famosa intervenção do cardeal Lercaro de Bolonha no final da primeira sessão do Concílio.

Um dos pontos altos da primeira sessão e, sem dúvida, determinante para todo o Concílio foi a discussão do projeto sobre a

---

[17] Cf. ALBERIGO, Giuseppe. *Breve história do Concílio Vaticano II*. Aparecida: Santuário, 2006, 39s, 56s, 62, 132s, 191s; BEOZZO, José Oscar. Presença e atuação dos bispos brasileiros no Vaticano II, in LOPES GONÇALVES, Paulo Sérgio; BOMBONATTO, Vera Ivanise (org.). *Concílio Vaticano II: análise e prospectivas*. São Paulo: Paulinas, 2004, 117-162, aqui 147-150; CHENU, Marie-Dominique. A Igreja e os pobres no Vaticano II. *Concilium* 124 (1977) 61-66; GUTIÉRREZ, Gustavo. Op. cit., 31-33; BARREIRO, Álvaro. *Os pobres e o Reino: do Evangelho a João Paulo II*. São Paulo: Loyola, 1983, 135-138; VIGIL, José Maria. *Vivendo o Concílio: guia para a animação conciliar da comunidade cristã*. São Paulo: Paulinas, 1987, 164-170.

[18] Cf. GAUTHIER, Paul. *Les pauvres, Jesus et l'Eglise*. Paris: Éditions universitaires, 1962. O Pe. Paul Gauthier era professor de teologia dogmática no Seminário Maior de Dijon, na França. Em 1955 deixou a cátedra e foi viver e trabalhar com e como operário em Nazaré. Durante o Concílio foi para Roma e desempenhou um papel fundamental de reflexão e articulação junto a um grupo de bispos e teólogos sobre a relação entre Jesus, a Igreja e os pobres.

[19] Para uma visão de conjunto das intervenções dos padres nas aulas conciliares sobre esta questão, cf. Idem. *O Concílio e a Igreja dos pobres*: "Consolai meu povo". Petrópolis: Vozes, 1967; Idem. *O Evangelho da justiça*. Petrópolis: Vozes, 1969.

Igreja nos últimos dias dessa sessão. Foi aí que se definiu mais claramente os rumos do Concílio. E decisiva nesse processo foi a intervenção do cardeal belga Suenens, no dia 04 de dezembro de 1962:[20] "Antes de concluir esta primeira sessão, eu gostaria de propor aos padres conciliares, para sua atenta consideração, qual seria o objetivo primário deste concílio [...] convém que nos ponhamos de acordo sobre a elaboração de um plano de conjunto para o próprio concílio [...]. Este plano, eu proporia assim: que o concílio seja o concílio 'sobre a Igreja' e tenha duas partes: *de Ecclesia ad intra – de Ecclesia ad extra*".[21] A proposta de Suenens foi muito bem acolhida pelos padres conciliares, particularmente pelo cardeal Montini, então arcebispo de Milão: "O que é a Igreja? O que faz a Igreja? Estes são os dois eixos em torno dos quais devem mover-se todos os temas do concílio. O mistério da Igreja e a missão que lhe foi confiada e que ela tem de realizar: eis aí o tema ao redor do qual deve girar o Concílio".[22]

É neste contexto que se insere a intervenção do cardeal Lercaro no dia 6 de dezembro de 1962, a que nos referíamos há pouco.

Ele começa reforçando a tese de Suenens e de Montini de que a "finalidade deste Concílio" deve ser uma "doutrina sobre a Igreja capaz de ir até aos fundamentos, além dos traços de ordem jurídica". Constata uma "lacuna" nos esquemas apresentados para a apreciação dos padres. Eles não levam em conta "o Mistério de Cristo nos pobres" e esta é uma verdade "essencial e primordial" na Revelação. Por isso, afirma, "concluindo esta

---

[20] Cf. ALBERIGO, Giuseppe. *Breve história do Concílio Vaticano II*. Op. cit., 60ss; CAMACHO, Ildefonso. *Doutrina Social da Igreja*: abordagem histórica. São Paulo: Loyola, 1995, 250ss.
[21] SUENENS, Leo Joseph, apud CAMACHO, Ildefonso. Op. cit., 251.
[22] MONTINI, Giovanni Battista, apud CAMACHO, Ildefonso. Op. cit., 251.

primeira sessão de nosso Concílio, importa-nos reconhecer e proclamar solenemente: não realizaremos de maneira suficiente nossa tarefa, não receberemos com um espírito aberto o plano de Deus e a expectativa dos homens se não colocarmos, como centro e alma do trabalho doutrinal e legislativo deste Concílio, o mistério de Cristo nos pobres e a evangelização dos pobres". E continua, mais adiante: "Não satisfaremos às mais verdadeiras e profundas exigências de nosso tempo [...], mas nos furtaremos a elas, se tratarmos o tema da evangelização dos pobres como um dos numerosos temas do Concílio. Se, na verdade, a Igreja, como já se disse muitas vezes, é o tema deste Concílio, pode-se afirmar, em plena conformidade com a eterna verdade do Evangelho, e ao mesmo tempo em perfeito acordo com a conjuntura presente que: o tema deste Concílio é bem a Igreja enquanto ela é sobretudo 'a igreja dos pobres'". Em vista disso, propõe alguns assuntos doutrinais a serem abordados e desenvolvidos e algumas reformas pastorais e institucionais. E conclui falando do "primado da evangelização dos pobres" como "método autêntico" de anúncio do Evangelho, de restauração da unidade dos cristãos e de resposta aos homens do nosso tempo.[23]

Embora exercendo uma pressão espiritual e profética significativa sobre muitos padres conciliares, o grupo "Igreja dos pobres" permaneceu sempre à margem do Concílio e sua repercussão nos documentos aprovados foi muito tímida.[24] Deve-se reconhecer, portanto, que "o grupo não alcançou o que esperava institucionalmente do Concílio"[25] e que "estamos longe da proposta do cardeal Lercaro de fazer da questão da 'Igreja

---

[23] LERCARO, Giacomo, apud. GAUTHIER, Paul. *O Concílio e a Igreja dos pobres*. Op. cit., 178-182.
[24] Cf. VIGIL, José Maria. Op. cit.; GUTIÉRREZ, Gustavo. Op. cit., 32s.
[25] BEOZZO, José Oscar. Op. cit., 150.

dos pobres' (expressão não retomada no Vaticano II) o tema do Concílio".[26] Em todo caso, recuperou e deu visibilidade a um aspecto "essencial e primordial" da revelação e pôs em marcha um processo de renovação eclesial a partir e em vista de sua relação "essencial e primordial" com os pobres deste mundo, começando pelo compromisso assumido pelos próprios membros do grupo, em sua vida e ação pastoral, no *Pacto das Catacumbas*, celebrado na Catacumba de Santa Domitila, fora de Roma, no dia 16 de novembro de 1965[27] (ver documento anexo).

2. "Igreja dos pobres" na Conferência de Medellín

Conscientes de que o sonho/projeto de uma "Igreja dos pobres" não conseguiu se impor e determinar os rumos do Concílio, alguns bispos latino-americanos se empenharam para que esta se tornasse "a principal questão eclesial" na América Latina.[28] Destaque especial merece, aqui, a atuação de dom Manuel Larraín, bispo de Talca (Chile), e de dom Helder Camara, na época, presidente e vice-presidente do CELAM, respectivamente.[29] No final do Concílio eles sentiram a necessidade e articularam uma reunião do episcopado latino-americano "para ver nossa situação à luz do Concílio":[30] "O que vivemos é impressionante, mas se na América Latina não estivermos atentos aos nossos próprios sinais dos tempos, o Concílio passará à

---

[26] GUTIÉRREZ, Gustavo. Op. cit., 33.
[27] Cf. KLOPPENBURG, Boaventura. *Concílio Vaticano II*. Petrópolis: Vozes, 1966, vol. V, 526-528.
[28] BEOZZO, José Oscar. Op. cit., 150.
[29] Cf. GUTIÉRREZ, Gustavo. Op. cit., 34; LORSCHEIDER, Aloísio. *Mantenham as lâmpadas acesas*: revisitando o Caminho, recriando a Caminhada. Fortaleza: UFC, 2008, 74ss.
[30] GUTIÉRREZ, Gustavo. Op. cit., 34.

margem de nossa Igreja, e quem sabe o que virá depois", dizia dom Manuel Larraín em Roma, na última etapa do Concílio.[31]

E, de fato, a Conferência de Medellín (24/08-06/09/1968)[32] significou "a transposição da perspectiva do Concílio e de suas intuições ao contexto específico do continente latino-americano. Sem o Concílio, não teria existido Medellín, mas Medellín não teria sido Medellín sem o esforço corajoso de repensar o acontecimento conciliar a partir da realidade de pobreza e de injustiça que caracterizava a América Latina".[33]

Medellín não apenas recolheu e desenvolveu a riqueza e as potencialidades do Concílio na América latina, mas, ao fazê-lo, pôs em marcha um movimento teológico-eclesial que acabou revelando limites do próprio Concílio: "um Concílio universal, mas na perspectiva dos países ricos e da chamada cultura ocidental" (Ellacuría)[34] e, por isso mesmo, um Concílio pouco profético (Comblin)[35] e um Concílio que acabou nos legando "uma Igreja de classe média" (Aloísio Lorscheider).[36]

---

[31] Ibidem, 36.
[32] Sobre a Conferência de Medellín, cf. BEOZZO, José Oscar. *A Igreja do Brasil de João XXIII a João Paulo II*: de Medellín a Santo Domingo. Petrópolis: Vozes, 1994; CALIMAN, Cleto. A trinta anos de Medellín: uma nova consciência eclesial na América Latina. *Perspectiva Teológica* 31 (1999) 163-180; SOUSA, Luis Alberto Gomes de. A caminhada de Medellín a Puebla. *Perspectiva Teológica* 31 (1999) 223-234; TEPEDINO, Ana Maria. De Medellín a Aparecida: marcos, trajetórias, perspectivas da Igreja Latino-americana. *Atualidade Teológica* 36 (2010) 376-394.
[33] PALÁCIO, Carlos. Trinta anos de teologia na América Latina: um depoimento, in SUSIN, Luis Carlos (org.). *O mar se abriu*: trinta anos de teologia na América Latina. São Paulo: Loyola, 2000, 51-64, aqui 53.
[34] ELLACURIA, Ignácio. Pobres, in *Escritos Teológicos II*. San Salvador, UCA, 2000, 171-192, aqui 173.
[35] COMBLIN, José. *A profecia na Igreja*. São Paulo: Paulus, 2009, 185s.
[36] LORSCHEIDER, Aloísio. *Mantenham as lâmpadas acesas*. Op. cit., 142. Em outra ocasião, distinguindo a eclesiologia do Vaticano II da eclesiologia latino-americana, afirma: "O Vaticano II ignorou o *submundo*, o mundo da injustiça institucionalizada, o mundo em que ricos cada vez mais ricos produzem pobres cada vez mais pobres *às custas* desses mesmos pobres" (idem. A Igreja no Ceará: desafios e perspectivas. *Kairós* 1-2 (2004) 64-70, aqui 69).

Se o Concílio teve o mérito incalculável de descentrar a Igreja, de abri-la e lançá-la ao mundo, "não historicizou devidamente o que era esse mundo, um mundo que devia ter definido como um mundo de pecado e injustiça, no qual as imensas maiorias da humanidade padecem de miséria e injustiça".[37] Não bastava abrir-se ao mundo. Era necessário determinar com maior clareza e precisão que mundo era esse (mundo estruturalmente injusto e opressor) e qual o lugar social da Igreja nesse mundo (mundo dos pobres e oprimidos). Aqui reside, paradoxalmente, o grande limite do Concílio e o grande mérito de Medellín. E tanto do ponto de vista histórico (a situação concreta de nosso mundo) quanto do ponto de vista teologal/teológico (centralidade dos pobres na história da salvação).

A redescoberta desse dado "essencial e primordial" da revelação e da fé cristãs permitiu/ajudou a Igreja da América Latina a compreender melhor e mais profundamente a realidade do Continente e a redefinir, a partir daí, sua ação pastoral. É o que se pode constatar já na introdução do documento final da conferência:

> A Igreja latino-americana, reunida na II Conferência Geral de seu Episcopado, situou no centro de sua atenção o homem deste continente, que vive um momento decisivo de seu processo histórico.
> A América Latina está evidentemente sob o signo da transformação e do desenvolvimento [...].
> Isso indica que estamos no limiar de uma nova época da história do nosso continente. Época cheia de anelo de emancipação total, de libertação diante de qualquer servidão, de maturação pessoal e integração coletiva. Percebemos aqui os prenúncios do parto doloroso de uma nova civilização. E não podemos deixar de interpretar este gigantesco esforço

---

[37] ELLACURÍA, Ignácio. El auténtico lugar social de la Iglesia, in *Escritos Teológicos II*. San Salvador: UCA, 2000, 439-451, aqui 449.

por uma rápida transformação e desenvolvimento como um evidente signo do Espírito que conduz a história dos homens e dos povos para sua vocação [...].

Assim, como outrora Israel, o antigo Povo, sentia a presença salvífica de Deus quando ele o libertava da opressão do Egito, quando o fazia atravessar o mar e o conduzia à conquista da terra prometida, assim também nós, novo povo de Deus, não podemos deixar de sentir seu passo que salva quando se dá o "verdadeiro desenvolvimento" que é [...] a passagem de condições de vida menos humanas [carências materiais e morais, estruturas opressoras] para condições mais humanas [posse do necessário, vitória sobre as calamidades sociais, ampliação dos conhecimentos, cultura, dignidade humana, espírito de pobreza, bem comum, paz, valores, Deus, fé].[38]

Essas intuições fundamentais marcaram de modo radical as discussões e os rumos da Conferência – toda ela voltada para a "busca de forma de presença mais intensa e renovada da Igreja na atual transformação da América Latina",[39] como se pode comprovar nos seus 16 documentos (justiça, paz, família e demografia, educação, juventude, pastoral das massas, pastoral das elites, catequese, liturgia, movimentos leigos, sacerdotes, religiosos, formação do clero, pobreza na Igreja, colegialidade, meios de comunicação social). Todos estes temas/assuntos estão pensados e desenvolvidos, ainda que de modo e com intensidade diferentes, a partir do grande "sinal dos tempos" no Continente latino-americano, que é o desejo e o esforço de "passar do conjunto de condições menos humanas para a totalidade de condições plenamente humanas e de integrar toda a escala de valores temporais na visão global da fé cristã".[40]

---

[38] CELAM. *Conclusões de Medellín*. II Conferência Geral do Episcopado Latino-americano. São Paulo: Paulinas, 1987, 5-7.
[39] Ibidem, 8.
[40] Ibidem.

Convém examinar aqui, com mais atenção, o Documento 14, que tem como tema a "pobreza da Igreja".[41] Como os demais documentos, ele está desenvolvido segundo o conhecido método ver-julgar-agir. Começa tratando da "realidade latino-americana". Prossegue explicitando a "motivação doutrinária" e conclui com algumas "orientações pastorais".

No que diz respeito à "realidade latino-americana", o texto começa afirmando que o Episcopado "não pode ficar indiferente ante as tremendas injustiças sociais existentes na América Latina que mantêm a maioria de nossos povos numa dolorosa pobreza, que em muitos casos chega a ser miséria desumana". Fala do "surdo clamor" que "nasce de milhões de homens pedindo a seus pastores uma libertação que não lhes chega de nenhuma parte", bem como das "queixas de que a hierarquia, o clero e os religiosos são ricos e aliados dos ricos". Faz algumas ponderações com relação à imagem que se tem da Igreja. Chama atenção para a situação de pobreza de muitas paróquias, dioceses, bispos, sacerdotes e religiosos. Distingue entre o "necessário para a vida e certa segurança" e o carecer do "indispensável" para viver. E conclui reconhecendo que "não faltam casos em que os pobres sentem que seus bispos, párocos e religiosos não se identificam realmente com eles, com seus problemas e angústias e que nem sempre apoiam os que trabalham com eles e defendem sua sorte".[42]

Quanto à "motivação doutrinária", o Documento distingue "pobreza e carência", que é "um mal em si"; "pobreza espiritual" – "atitude de abertura para Deus", "disponibilidade de quem tudo espera do Senhor"; e "pobreza como compromisso", assumida "por amor" aos pobres, a exemplo de Cristo. A

---
[41] Cf. CELAM. Op. cit., 143-150.
[42] Ibidem, 143s.

partir destes três sentidos da pobreza, explicita em que consiste a pobreza da Igreja. Uma Igreja pobre, diz o texto, "denuncia a carência injusta dos bens deste mundo e o pecado que a engendra", "prega e vive a pobreza espiritual como atitude de infância espiritual e abertura para o Senhor", e "compromete-se ela mesma com a pobreza material". Isso diz respeito a "todos os membros da Igreja", ainda que seja vivido de diferentes maneiras. E vale, de modo particular, para o continente latino-americano: "A Igreja da América Latina, dadas as condições de pobreza e subdesenvolvimento do continente, sente a urgência de traduzir esse espírito de pobreza em gestos, atitudes e normas, que a tornem um sinal lúcido e autêntico do Senhor. A pobreza de tantos irmãos clama por justiça, solidariedade, testemunho, compromisso, esforço e superação para o cumprimento pleno da missão salvífica confiada por Cristo".[43]

Por fim, e como consequência do que foi dito anteriormente, a grande orientação pastoral: "queremos que a Igreja da América Latina seja evangelizadora e solidária com os pobres, testemunha do valor dos bens do Reino e humilde servidora de todos os homens de nossos povos".[44] Três aspectos inseparáveis, mas irredutíveis: "preferência e solidariedade", "testemunho", "serviço".

A. *Preferência e solidariedade.* "O mandato particular do Senhor, que prevê a evangelização dos pobres, deve levar-nos a uma distribuição tal de esforços e de pessoal apostólico, que deve visar, preferencialmente, os setores mais pobres e necessitados e os povos segregados por uma causa ou outra [...] Devemos tornar mais aguda a consciência do dever de solidariedade para com os pobres; exigência da caridade. Essa solidariedade

---

[43] Ibidem, 145s.
[44] Ibidem, 146.

implica tornar nossos os seus problemas e suas lutas e em saber falar por eles. Isso há de se concretizar na denúncia da injustiça e da opressão, na luta contra a intolerável situação suportada frequentemente pelo pobre, na disposição de diálogo com os grupos responsáveis por essa situação, para fazê-los compreender suas obrigações [...]. A promoção humana há de ser a linha de nossa ação em favor do pobre [...]. Com esse fim, reconhecemos a necessidade da estruturação racional de nossa pastoral e da integração de nosso esforço com os esforços de outras entidades."[45]

B. *Testemunho*. "Desejamos que nossa habitação e estilo de vida sejam modestos; nossa indumentária simples; nossas obras e instituições funcionais, sem aparato nem ostentação. Pedimos [...] um tratamento que convenha à nossa missão [...], pois desejamos renunciar a títulos honoríficos de outras épocas. [...] esperamos superar o sistema de espórtulas [...] A administração dos bens diocesanos ou paroquiais deverá ser integrada por leigos competentes e dirigida, da melhor forma possível, para o bem de toda comunidade". No mesmo espírito, exorta os "sacerdotes" e as "comunidades religiosas", estimulando de modo particular os que "se sentem chamados a compartilhar da sorte dos pobres" – inserindo-se e vivendo no meio deles. "Estes exemplos autênticos de desprendimento e liberdade de espírito farão com que os demais membros do povo de Deus deem testemunho análogo de pobreza."[46]

C. *Serviço*. "A Igreja não é impulsionada por nenhuma ambição terrena. O que ela quer é ser humilde servidora de todos os homens. Precisamos acentuar esse espírito em nossa América Latina. Queremos que nossa Igreja latino-americana esteja

---

[45] Ibidem, 146s.
[46] Ibidem, 147ss.

livre de peias temporais, de conveniências indevidas e de prestígio ambíguo; que, livre pelo espírito dos vínculos da riqueza, seja mais transparente e forte sua missão de serviço; que esteja presente na vida e nas tarefas temporais, refletindo a luz de Cristo na construção do mundo."[47]

Tudo isto está na base do que depois se formulou e se consolidou como *Opção preferencial pelos pobres* – "a marca registrada da caminhada eclesial na América Latina".[48] Trata-se, aqui, de uma "opção" claramente cristológica/teológica: "A pobreza de tantos irmãos clama por justiça, esforço e superação para o *cumprimento pleno da missão salvífica confiada por Cristo*"[49] (grifo nosso). Por isso, insiste Gustavo Gutiérrez em que "a relevância do pobre para o Reino de Deus e, por isso mesmo, para o anúncio do Evangelho, é o nervo da mudança que a Igreja latino-americana experimenta"; "esta ótica levou a comunidade cristã latino-americana a retomar a intuição de João XXIII sobre a Igreja dos pobres e a ler a partir daí os grandes temas conciliares para examinar seu alcance para o nosso continente".[50]

Esse é o grande mérito e a grande contribuição de Medellín para a Igreja latino-americana e, por que não dizer, para toda a Igreja: assumir de modo consequente, tanto do ponto de vista teológico quanto do ponto de vista eclesial/pastoral, esse aspecto "essencial e primordial" da revelação cristã que é a centralidade dos pobres e oprimidos na história da salvação. E, aqui, precisamente, reside sua insuperabilidade e sua perene atualidade: em pôr no centro da vida e da missão da Igreja

---
[47] Ibidem, 149s.
[48] BEOZZO, José Oscar. Presença e atuação dos bispos brasileiros no Vaticano II. Op. cit., 150.
[49] CELAM. Op. cit., 146.
[50] GUTIÉRREZ, Gustavo. Op. cit., 48s.

aquilo que está no centro da vida e da missão de Jesus Cristo, por mais escandaloso que seja (cf. Lc 7,22s)!

Não por acaso tem-se falado de Medellín como "evento fundante", "novo Pentecostes", "verdadeiro *Kairós*" da Igreja na América Latina.[51] Na verdade, ela foi um acontecimento que marcou de modo decisivo e radical a caminhada e o rosto da Igreja latino-americana. E não por acaso, Dom Aloísio Lorscheider chega a afirmar que "nenhuma Conferência, nem Puebla, e nem muito menos Santo Domingo, ultrapassou Medellín, que foi um grande fato eclesial da América Latina, e marcou também a Igreja fora deste continente. Influiu até no magistério geral da Igreja".[52]

Em Medellín, a insistência/exigência evangélica do Cardeal Lercado de colocar "como centro e alma do trabalho doutrinal e legislativo do Concílio o mistério de Cristo nos pobres e a evangelização dos pobres" se tornou realidade e, assim, a Igreja de Jesus Cristo aparece, de fato, como ela é e como ela quer/deve ser: *a Igreja de todos, mas, sobretudo, a Igreja dos pobres*.

3. "Igreja dos pobres": atualidade histórico-teologal

Não obstante as reservas, as ponderações e os conflitos, a problemática da "Igreja dos pobres" ou da "opção preferencial

---

[51] Cf. TEPEDINO, Ana Maria. Op. cit., 376, 377 e 382, respectivamente.
[52] LORSCHEIDER, Aloísio. *Mantenham as lâmpadas acesas.* Op. cit., 77. No que diz respeito à Conferência de Santo Domingo, na medida ela que foi "mais para os bispos, partindo de Roma, do que 'dos' bispos latino-americanos, partindo da realidade local", dom Aloísio Lorscheider considera que "foi um fracasso" (ibidem, 81). E, na medida em que estava mais preocupada em "ter bom relacionamento diplomático com os governos" e mais interessada em "defender a Igreja", diz ele, foi "um grande retrocesso" (ibidem, 82). Sem falar no "desastre" teológico: "Eu me envergonhava em Santo Domingo. Lembro-me de que no grupo em que eu estava o teólogo não sabia nada, e assim eram os outros, eram fraquíssimos. Foi uma pena" (ibidem, 83).

pelos pobres" se tornou a questão central da Igreja na América Latina nas décadas de 1970 e 1980. E tanto do ponto de vista da compreensão do mistério da Igreja quanto do ponto de vista de sua estrutura e ação pastoral. Afinal, se o ser "dos pobres" faz parte da essência da Igreja, isso deve se traduzir e se tornar realidade em sua estrutura e ação pastoral.[53]

Tudo isso repercutiu, de modos e com intensidades diferentes, nas igrejas dos outros continentes[54] e até no magistério do bispo de Roma. João Paulo II, por exemplo, afirmou-a várias vezes em seus discursos e documentos,[55] particularmente em suas primeiras viagens à América Latina, onde falou, inclusive, da Igreja como "Igreja dos pobres".[56] Em sua Carta Apostólica *Novo Millennio Ineunte*, chega a afirmar que, "se verdadeira-

---

[53] Cf. ELLACURIA, Ignacio. Las bienaventuranzas, carta fundacional de la Iglesia de los pobres, in *Escritos Teológicos II*. San Salvador: UCA, 2000, 417-437; idem. El auténtico lugar social de la Iglesia, in Op. cit., 439-451; idem. La Iglesia de los pobres, sacramento histórico de liberación, in Op. cit., 453-485; idem. Notas teológicas sobre religiosidad popular, in Op. cit., 487-498; SOBRINO, Jon. *Ressurreição da verdadeira Igreja*: os pobres, lugar teológico da eclesiologia. São Paulo: Loyola, 1982; BARREIRO, Álvaro. *Os pobres e o Reino*: do Evangelho a João Paulo II. São Paulo: Loyola, 1983; BOFF, Leonardo. *E a Igreja se fez povo*. Eclesiogênese: a Igreja que nasce da fé do povo. Petrópolis: Vozes, 1991; COMBLIN, José. *O Povo de Deus*. São Paulo: Paulus, 2002, 88-114; AQUINO JÚNIOR. Igreja dos pobres: sacramento do povo universal de Deus. Tópicos de uma eclesiologia macroecumênica da libertação, in TOMITA, Luiza; BARROS, Marcelo; VIGIL, José Maria (org.). *Pluralismo e libertação*: por uma Teologia Latino-americana pluralista a partir da fé cristã. São Paulo: Loyola, 2005, 193-214.

[54] Cf. DUSSEL, Henrique. *De Medellín a Puebla*: uma década de sangue e esperança. Vol. III. Em torno de Puebla (1977-1979). São Paulo: Loyola, 1983, 545-564; COMBLIN, José. Puebla: vinte anos depois. *Perspectiva Teológica* 31 (1999) 201-222, aqui 204.

[55] Cf. JOÃO Paulo II. *Carta Encíclica Solicitudo Rei Socialis*. São Paulo: Paulinas, 1990, n. 42; idem. *Carta Encíclica Redemptoris Missio*. São Paulo: Paulinas, 1990, n. 60; idem. *Carta Encíclica Centesimus Annus*. São Paulo: Paulinas, 1991, n. 57; idem. *Carta Apostólica Novo Millennio Ineunte*. São Paulo: Paulinas, 2001, n. 49.

[56] Cf. Idem. Visita à Favela do Vidigal, in *A palavra de João Paulo II no Brasil*: discursos e homilias. São Paulo: Loyola, 1980, n. 4, 11, 14, 15, 19, 20, 21. Sobre o discurso de João Paulo II, cf. BARREIRO, Álvaro. Op. cit., 146-154. O tema reaparece em sua *Carta Encíclica Redemptoris Missio*, n. 60.

mente partimos da contemplação de Cristo, devemos saber vê-lo, sobretudo, no rosto daqueles com quem ele mesmo se quis identificar". E, referindo-se a Mt 25,35-36, diz: "Esta página não é um mero convite à caridade, mas uma página de cristologia que projeta um feixe de luz sobre o mistério de Cristo. Nesta página, não menos do que faz com a vertente da ortodoxia, a Igreja mede a sua fidelidade de esposa de Cristo".[57] Mesmo o papa Bento XVI, que sempre foi muito crítico da Igreja e da teologia da libertação, reconheceu e afirmou explicitamente no discurso inaugural da Conferência de Aparecida que a "opção preferencial pelos pobres está implícita na fé cristológica naquele Deus que se fez pobre por nós, para enriquecer-nos com sua pobreza (cf. 2Cor 8,9)".[58]

O curioso e paradoxal é que, no momento em se chega a certo consenso – ainda que formal ou precisamente por isso – sobre a centralidade ("preferência"!?) dos pobres na revelação e na fé cristãs, ela vai perdendo relevância e eficácia na vida da Igreja. Algo sempre afirmado ou admitido ou, pelo menos, não negado em princípio, mas, na prática, pouco eficaz. Noutras palavras, admite-se, aceita-se, mas (ou desde que!?) não se leva a sério nas opções e prioridades pastorais. É o que se pode constatar na Igreja latino-americana a partir da década de 1990.

Não sem razão, Clodovis Boff fala da conferência de Santo Domingo como uma espécie de "ajuste pastoral" na Igreja da América Latina: "Com 'ajuste pastoral' entendemos a retomada do caminho já tradicional da Igreja latino-americana, mas dando-lhe uma outra direção, uma direção não contrária, mas *diferente* da estabelecida. Na verdade, trata-se de um

---

[57] Idem. *Carta Apostólica Novo Millennio Ineunte*. Op. cit., n. 49.
[58] BENTO XVI. Discurso inaugural, in CELAM. *Documento de Aparecida*. São Paulo: Paulinas/Paulus, 2007, 249-266, aqui, 255.

redirecionamento global. Por ele, os bispos reassumem a caminhada que vem de Medellín, mas num outro contexto e por isso com outra sensibilidade, numa *outra ótica*".[59] Para Boff, esse "ajuste pastoral" realizado por Santo Domingo se dá num duplo sentido. "Primeiro, *ad intra*, Santo Domingo reforça a Igreja-hierarquia, enfraquecendo a Igreja-Povo de Deus. Segundo, *ad extra*, a IV CELAM privilegia a dimensão propriamente evangelizadora da Igreja, enfatiza sua função especificamente religiosa e missionária [...], mas [...] não de modo a radicalizar a missão social da Igreja, mas antes a *relativizá-la*".[60] E embora a conferência de Aparecida tenha avançado muito sobre Santo Domingo, não foi capaz de retomar a direção/orientação fundamental de Medellín e Puebla, sobretudo no que diz respeito à centralidade dos pobres e oprimidos na vida e missão da Igreja.

Em todo caso, trata-se, aqui, de uma questão central e decisiva na revelação e na fé cristãs e, portanto, inegociável do ponto de vista teológico-pastoral e extremamente relevante e urgente do ponto de vista histórico-conjuntural. Daí sua atualidade histórico-teologal.

1. Não é preciso fazer muito esforço para se perceber que a miséria e a pobreza, com suas antigas e novas expressões, continuam sendo o drama, a urgência e o desafio maiores de nosso tempo. Está em jogo, aqui, a vida de milhões de pessoas no seu nível mais básico e elementar: alimento, saúde, habitação...

De acordo com o Relatório de Desenvolvimento Humano – 2010 do Programa das Nações Unidas para o Desenvolvimento

---

[59] BOFF, Clodovis. O *"Evangelho" de Santo Domingo*: os dez temas-eixo do Documento da IV CELAM. Petrópolis: Vozes, 1994, 26s.

[60] Ibidem, 27. Na mesma direção vai nossa análise sobre as últimas diretrizes pastorais da CNBB (cf. AQUINO JÚNIOR, Francisco de. "Novas" Diretrizes da Ação Evangelizadora: "Ajuste Pastoral!?". *REB* 284 (2011) 926-931.

(PNUD),⁶¹ apesar dos avanços obtidos nas últimas décadas, o número absoluto de pessoas subnutridas no mundo, que em 1980 era de cerca de 850 milhões, aumentou para cerca de mil milhões de pessoas;⁶² cerca de um terço da população de 104 países ou perto de 1,75 mil milhões de pessoas vivem em pobreza multidimensional;⁶³ 1,44 mil milhões vivem com menos de 1,25 dólar por dia e 2,6 mil milhões vivem com menos de 2 dólares por dia;⁶⁴ o fosso entre países desenvolvidos e países em desenvolvimento continua aumentando: o país mais rico atualmente (Listenstaine) é três vezes mais rico que o país mais rico em 1970 e o país mais pobre atualmente (Zimbábue) é cerca de 25 vezes mais pobre que o país mais pobre em 1970 (também Zimbábue);⁶⁵ as taxas regionais de pobreza multidimensional variam entre 3% na Europa e Ásia Central e 65% na África subsaariana;⁶⁶ na América Latina e Caribe, a pobreza multidimensional afeta de 2% da população (Uruguai) a 57% (Haiti, ainda antes do terremoto de 2010).⁶⁷

No Brasil, dados do Instituto de Pesquisa Econômica Aplicada (IPEA) revelam que, entre 1978 e 2008, embora tenha havido uma redução significativa da *pobreza absoluta* (rendimento familiar *per capita* de até meio salário mínimo), houve, por outro lado, um aumento significativo da *pobreza relativa*

---

[61] Cf. PROGRAMA DAS NAÇÕES UNIDAS PARA O DESENVOLVIMENTO. Relatório de Desenvolvimento humano 2010. A verdadeira riqueza nas nações: vias para o desenvolvimento humano. Disponível na internet: <http://www.pnud. org.br/rdh>. Acesso em: 19/08/2012.
[62] Cf. ibidem, 38.
[63] Cf. ibidem, 90, 100. Uma família pode ser considerada multidimensionalmente pobre se sofrer privações em 2 a 6 dos seguintes indicadores: nutrição, mortalidade infantil, anos de escolaridade, crianças matriculadas, combustível de cozinha, sanitários, água, eletricidade, pavimento e ativos (cf. ibidem).
[64] Cf. ibidem, 101.
[65] Cf. ibidem, 44.
[66] Cf. ibidem, 103.
[67] Cf. ibidem.

(até 60% do rendimento médio dos ocupados com mais de quinze horas semanais).[68] Enquanto a *pobreza absoluta* caiu de 71,5% para 31,4%, a *pobreza relativa* aumentou de 23,7% para 45,2%.[69] E enquanto a redução da pobreza absoluta foi muito maior na região Sul (de 68,8% para 16,1%) que na região Nordeste (de 88,0% para 47,2%),[70] o aumento da pobreza relativa foi muito maior na região Nordeste (de 8,8% para 37,2%) que na região Sudeste (de 33,4% para 49,1%),[71] o que mostra a permanência de uma grande desigualdade regional no país. De ambas as formas, "a tendência positiva de redução da pobreza absoluta parece implicar a migração para a pobreza relativa",[72] ou seja, para o aumento da concentração e da desigualdade social.[73]

2. Essa situação devia nos tornar mais sensíveis e alertas para aquela dimensão "essencial e primordial" da revelação e da fé cristãs de que falava o cardeal Lercaro na última semana da primeira sessão do Concílio: o "mistério de Cristo nos pobres" e, consequentemente, a centralidade dos pobres na vida e missão da Igreja.

---

[68] Enquanto o conceito de *pobreza absoluta* indica a carência ou satisfação do mínimo necessário à subsistência, o conceito de *pobreza relativa* aponta para o problema da desigualdade social, isto é, da distribuição da riqueza produzida.
[69] Cf. POCHMANN, Marcio. Pobreza em transformação no Brasil, in OLIVEIRA, Pedro Ribeiro de (org.). *Opção pelos pobres no século XXI*. São Paulo: Paulinas, 2011, 59-85, aqui 69s.
[70] Ibidem, 63.
[71] Ibidem, 70.
[72] Ibidem, 72.
[73] O Atlas da exclusão social no Brasil mostra que em 2001 "os 10% mais ricos da população respondiam por cerca de ¾ de toda riqueza nacional" (POCHMANN et al. [org.]. *Atlas da Exclusão Social*. Vol. 3: Os ricos no Brasil. São Paulo: Cortez, 2004, 27) e que as "5 mil famílias 'muito ricas' do país" (0,001% das famílias) se apropriavam "do equivalente a 3% da renda total nacional, representando seu patrimônio algo em torno de 40% do PIB brasileiro" (ibidem, 29), ou seja, "2/5 de todo fluxo de renda gerado pelo país no período de um ano" (ibidem, 11).

Os estudos bíblicos[74] e cristológicos[75] das últimas décadas têm mostrado de modo cada vez mais consensual que não se pode falar de Jesus Cristo senão a partir e em função do reinado de Deus e que no centro do reinado de Deus está a justiça aos pobres e oprimidos, isto é, a garantia e a defesa de seus direitos. Joachim Jeremias, exegeta alemão, por exemplo, afirma que "o tema central da proclamação pública de Jesus foi o reinado de Deus"[76] e que "seu traço decisivo" consiste na "oferta de salvação feita por Jesus aos pobres".[77] Nesse senti-

---

[74] Cf. BORNKAMM, Günter. *Jesus de Nazaré*. Petrópolis: Vozes, 1976, 60-90; SCHNACKENBURG, Rudolf. *Reino y reinado de Dios*. Estudio bíblico-teológico. Madrid: Faz, 1974; idem. Reino de Deus, in BAUER, Johannes B. *Dicionário de Teologia Bíblica*. Volume II. São Paulo: Loyola, 1988, 947-964; JEREMIAS, Joachim. *Teologia do Novo Testamento*. São Paulo: Hagnos, 2008, 159-193; KÜMMEL, Werner Georg. *Síntese teológica do Novo Testamento*. São Leopoldo: Sinodal, 1983, 21-108; FABRIS, Rinaldo. *Jesus de Nazaré*: história e interpretação. São Paulo: Loyola, 1988, 89-179; MATEOS, Juan. *A utopia de Jesus*. São Paulo: Paulus, 1994; GNILKA, Joachim. *Jesus de Nazaré*: mensagem e história. Petrópolis: Vozes, 2000, 83-153; VANONI, Gottfried; HEININGER, Bernhard. *Das Reich Gottes*. Würzburg: Echter, 2002; LÉON-DUFOUR, Xavier. *Agir segundo o Evangelho*. Palavra de Deus. Petrópolis: Vozes, 2003, 23-54; PETERSEN, Claus. *Die Botschaft Jesu vom Reich Gottes*. Aufruf zum Neubeginn. Stuttgart: Kreuz, 2005; MALINA, Bruce J. *O evangelho social de Jesus*: o Reino de Deus em perspectiva mediterrânea. São Paulo: Paulus, 2004.
[75] Cf. PANNENBERG, Wolfhart. *Theologie und Reich Gottes*. Gütersloh: Gerd Mohn, 1971; BOFF, Leonardo. *Jesus Cristo Libertador*. Petrópolis: Vozes, 1991, 38-59; SCHILLEBEECKX, Edward. *Jesus*: história de um vivente. São Paulo: Paulus, 2008, 99-263; GONZÁLEZ FAUS, José Ignacio. *Acesso a Jesus*: ensaio de teologia narrativa. São Paulo, Loyola, 1981, 34-46; KASPER, Walter. *Der Gott Jesu Christi*. Mainz: Grünwald, 1982, 205-216; RAHNER, Karl. *Curso fundamental da fé*. São Paulo: Paulus, 1989, 297-302; KESSLER, Hans. Cristologia, in SCHNEIDER, Theodor. *Manual de Dogmática I*. Petrópolis: Vozes, 2002, 219-400, aqui 242-247; SEGUNDO, Juan Luis. *A história perdida e recuperada de Jesus de Nazaré*. São Paulo: Paulus, 1997, 142-262; SOBRINO, Jon. *Jesus, o Libertador*: a história de Jesus de Nazaré. Petrópolis: Vozes, 1996, 103-201; MOLTMANN, Jürgen. *O caminho de Jesus Cristo*. Petrópolis: Vozes, 1994, 137-164; idem. *Quem é Jesus Cristo para nós hoje?* Petrópolis: Vozes, 1997, 11-32; FERRARO, Benedito. *Cristologia*. Petrópolis: Vozes, 2004, 77-96; RATZINGER, Joseph. *Jesus de Nazaré*. São Paulo: Planeta, 2007, 57-70.
[76] JEREMIAS, Joachim. Op. cit., 160.
[77] Ibidem, 176.

do, chega a afirmar de modo chocante ou mesmo escandaloso que o reinado de Deus "pertence *unicamente aos pobres*".[78] E Jacques Dupont, exegeta belga, por sua vez, na mesma direção, afirma que nos evangelhos "os pobres são vistos como os beneficiários privilegiados do Reino de Deus"[79] e que esse privilégio "deve ser procurado, não por uma análise gratuita da psicologia dos próprios pobres, mas no conteúdo da Boa-Nova que lhe é anunciada".[80] A Boa-Notícia do reinado de Deus só pode ser compreendida em referência ao "ideal régio" do antigo Oriente Próximo, no qual "o rei, por sua própria missão, é o defensor daqueles que não são capazes de se defender por si mesmos"; "ele é o protetor do pobre, da viúva, do órfão e do oprimido".[81] Nesse sentido, diz Dupont, "poder-se-á compreender perfeitamente que o anúncio do advento do Reino de Deus constitui uma Boa-Nova, precisamente para os pobres e para os desgraçados. Eles devem ser os beneficiados do Reino".[82]

Ora, na medida em que a Igreja é a comunidade dos seguidores e seguidoras de Jesus Cristo e na medida em que no centro da vida e missão de Jesus Cristo está o reinado de Deus, cuja característica mais central e decisiva é a garantia dos direitos dos pobres e oprimidos, a Igreja se constitui como "Igreja dos pobres", para usar a expressão do papa João XXIII. O ser "dos pobres" aparece, aqui, como um aspecto "essencial e primordial" do "mistério de Cristo na Igreja" (Cardeal Lercaro),[83] um

---

[78] Ibidem, 187.
[79] DUPONT, Jacques. Os pobres e a pobreza segundo os ensinamentos do Evangelho e dos Atos dos Apóstolos, in DUPONT, Jacques; GEORGE, Augustin et al. *A pobreza evangélica*. São Paulo: Paulinas, 1976, 37-66, aqui 37.
[80] Ibidem, 51.
[81] Ibidem, 53.
[82] Ibidem, 54.
[83] LERCARO, Giacomo. Op. cit., 179.

dos "traços" essenciais da Igreja (Marie-Dominique Chenu),[84] "uma nota constitutiva e configurativa de toda a Igreja" (Ignacio Ellacuría),[85] uma dimensão "essencial da 'verdade' da Igreja" (Álvaro Barreiro).[86] Trata-se, portanto, de uma questão dogmática, de uma verdade fundamental da revelação e da fé cristãs, de uma questão de ortopráxis eclesial e de ortodoxia teológica,[87] sem a qual uma "igreja" pode ser tudo, menos Igreja de Jesus Cristo. A Igreja que é e deve ser sempre mais *una, santa, católica* e *apostólica* (Concílio de Constantinopla em 381) é e deve ser sempre mais *dos pobres* (João XXIII). Essa nota é tão essencial e fundamental na Igreja quanto as demais e é tão antiga quanto elas, ainda que sua formulação em termos dogmáticos seja recente.

Certamente, o ser *dos pobres* não esgota a realidade da Igreja. Afinal, a Igreja que é *dos pobres* é também e sempre *una, santa, católica* e *apostólica*, para usar a formulação do símbolo Niceno-constantinopolitano. Mas essa é uma de suas notas constitutivas e essenciais. De modo que, sem ela, a Igreja deixa de ser Igreja de Jesus Cristo – seu corpo vivo e atuante na história. "Justamente porque a 'opção' preferencial pelos 'pobres' pertence ao coração mesmo do Evangelho de Jesus Cristo, quando um 'cristão' [ou uma comunidade] não assume conscientemente na sua vida, procurando vivê-la com maior fidelidade, e mais ainda quando de fato se opõe a ela, quaisquer que sejam as razões aduzidas, ele [ela] deixa *ipso facto* de ser cristão, pois coloca-se em contradição frontal com o Evangelho

---

[84] CHENU, Marie-Dominique. A Igreja dos pobres no Vaticano II. *Concilium* 124 (1977) 61-66, aqui 61.
[85] ELLACURÍA, Ignacio. Pobres, in *Escritos Teológicos II*. Op. cit., 171-192, aqui 189.
[86] BARREIRO, Álvaro. Op. cit., 154.
[87] Cf. AQUINO JÙNIOR, Francisco de. Igreja dos pobres: sacramento do povo universal de Deus. Tópicos de uma eclesiologia macroecumênica da libertação. Op. cit., 210.

do Reino proclamado por Jesus e com a mesma pessoa de Jesus que é, na expressão de Orígenes, a *autobasileia*, o Reino em pessoa".[88]

Em que consiste concretamente esse ser *dos pobres* ou como ele configura a Igreja em sua totalidade, depende do contexto histórico, das expressões que a pobreza e a opressão vão adquirindo, bem como das reais possibilidades, dos esforços e das lutas por sua superação. Estamos, portanto, diante de uma verdade de fé que se *verifica* (faz-se verdade) na história, adquirindo, assim, diferentes configurações e expressões. De modo que uma abordagem mais ampla e consequente da Igreja dos pobres precisa considerar tanto seu caráter teológico-dogmático quanto seu caráter histórico. Aqui, em todo caso, basta-nos insistir no fato de que a *Igreja dos pobres* é uma Igreja na qual os pobres estão no centro; uma Igreja que se faz a partir e em função dos pobres e que encontra neles seu princípio de estruturação, organização e missão. E isso marca e determina radicalmente a Igreja em sua totalidade: "quando os pobres se tornam o centro da Igreja, eles dão direção e sentido a tudo o que legitimamente [...] e necessariamente [...] constitui a realidade concreta da Igreja: sua pregação e ação, suas estruturas administrativas, culturais, dogmáticas, teológicas etc.".[89]

Por fim, convém fazer duas advertências. Primeiro, que esse ser *dos pobres* da Igreja não é uma questão de "opção", no sentido de que se poderia também não optar, mas uma *conditio sine qua non* para que a Igreja seja de fato Igreja de Jesus Cristo. Noutras palavras, *para ser de Jesus Cristo tem que ser Igreja dos pobres*. E não poderia ser diferente, uma vez que, como afirma São Romero de América, "Cristo quis colocar sua

---

[88] BARREIRO, Álvaro. Op. cit., 8s.
[89] SOBRINO, Jon. Op. cit., 103.

cátedra de redenção entre os pobres".⁹⁰ Por essa razão, afirma em outra ocasião, "uma Igreja que não se une aos pobres para denunciar a partir dos pobres as injustiças que se cometem com eles não é verdadeira Igreja de Jesus Cristo".⁹¹ Segundo, que "os pobres não são de modo algum causa de 'redução' da realidade eclesial; pelo contrário, são fonte de 'concretização' cristã de toda realidade eclesial".⁹² Ou seja, embora o ser *dos pobres* não esgote a realidade eclesial, é uma de suas notas, características ou dimensões essenciais e, como tal, configura a realidade eclesial em sua totalidade – faz com que a Igreja, que é de todos, seja, sobretudo e antes de tudo, a Igreja dos pobres.

Em conclusão

Partindo da intuição/provocação do papa João XXIII em sua mensagem ao mundo no dia 11 de setembro de 1962, de sua repercussão e de seus desdobramentos no Concílio Vaticano II, na Conferência de Medellín e na teologia latino-americana, procuramos mostrar, do ponto de vista teológico, em que sentido *a Igreja de Jesus Cristo é a Igreja dos pobres*; que o ser *dos pobres* é um traço, uma nota, uma característica ou uma dimensão essencial e fundamental da Igreja, sem a qual ela deixa *ipso facto* de ser Igreja de Jesus Cristo. Trata-se, aqui, de uma questão dogmática, de uma verdade de fé; mas uma verdade a ser verificada na história, isto é, uma verdade a ser feita, realizada, encarnada...

E, aqui, aparece o outro aspecto da reflexão sobre a Igreja dos pobres, não desenvolvido neste trabalho. Não basta afirmar o caráter teológico-dogmático do ser *dos pobres* da Igreja; é preciso ver como isso se efetiva e configura a realidade eclesial

---

⁹⁰ ROMERO, Mons. Oscar. *Su pensamiento VI*. San Salvador: Critério, 2000, 70.
⁹¹ Idem. *Su pensamiento VIII*. San Salvador: Critério, 2000, 229.
⁹² SOBRINO, Jon. Op. cit.

em sua totalidade, ou seja, é preciso ver como essa verdade se encarna e se torna realidade em uma situação bem real e concreta. Para isso, é necessário considerar em cada época e em cada contexto quem são os pobres reais, como é sua situação de pobreza, o que ou quem provoca essa situação, quais as reais possibilidades de enfrentamento e superação dessa situação, quais as mediações disponíveis etc. Mas isso extrapola os limites e as pretensões deste trabalho.

Em todo caso, convém insistir na complementaridade e inseparabilidade desses dois aspectos da abordagem da problemática da Igreja dos pobres: seu caráter teológico-dogmático e seu caráter histórico. O primeiro nos situa no nível dos fundamentos ou das razões teológicas; o segundo nos situa no nível de sua realização e configuração históricas. Sem o primeiro, a Igreja dos pobres carece de fundamento teológico e acaba perdendo relevância na vida da Igreja. Sem o segundo, a Igreja dos pobres é reduzida a uma teoria abstrata e ineficaz. De modo que é preciso afirmar seu caráter teológico-dogmático (o que fizemos aqui) e confrontar-se com o problema de sua realização histórica nos diferentes contextos (tarefa a ser realizada em cada época e em cada contexto). De uma forma e/ou de outra, trata-se de uma questão essencial e vital da Igreja de Jesus Cristo, enquanto Igreja dos pobres.

Anexo
Pacto de uma Igreja serva e pobre[*]

Nós, Bispos, reunidos no Concílio Vaticano II, esclarecidos sobre as deficiências de nossa vida de pobreza segundo o Evangelho; incentivados uns pelos outros, numa iniciativa em que cada um de nós quereria evitar a singularidade e a presunção; unidos a todos os nossos Irmãos no Episcopado; contando, sobretudo, com a graça e a força de Nosso Senhor Jesus Cristo, com a oração dos fiéis e dos sacerdotes de nossas respectivas dioceses; colocando-nos, pelo pensamento e pela oração, diante da Trindade, diante da Igreja de Cristo e diante dos sacerdotes e dos fiéis de nossas dioceses, na humildade e na consciência de nossa fraqueza, mas também com toda a determinação e toda a força de que Deus nos quer dar a graça, comprometemo-nos ao que se segue:

1) Procuraremos viver segundo o modo ordinário da nossa população, no que concerne à habitação, à alimentação, aos meios de locomoção e a tudo que daí se segue. Cf. Mt 5,3; 6,33s; 8,20.

2) Para sempre renunciamos à aparência e à realidade da riqueza, especialmente no traje (fazendas ricas, cores berrantes), nas insígnias de matéria preciosa (devem esses signos ser, com efeito, evangélicos). Cf. Mc 6,9; Mt 10,9s; At 3,6. Nem ouro nem prata.

---

[*] No dia 16 de novembro de 1965, cerca de 40 Padres Conciliares (não se conhece o número exato), em uma celebração eucarística nas catacumbas de Santa Domitila, assumiram o compromisso de uma Igreja pobre e servidora dos pobres, assinando o chamado "Pacto das Catacumbas" (cf. KLOPPENBURG, Boaventura (org.). *Concílio Vaticano II*. Vol. V. Petrópolis: Vozes, 1966, 526-528).

3) Não possuiremos nem imóveis, nem móveis, nem conta em banco etc., em nosso próprio nome; e, se for preciso possuir, poremos tudo no nome da diocese, ou das obras sociais ou caritativas. Cf. Mt 6,19-21; Lc 12,33s.

4) Cada vez que for possível, confiaremos a gestão financeira e material em nossa diocese a uma comissão de leigos competentes e cônscios do seu papel apostólico, em mira a sermos menos administradores do que pastores e apóstolos. Cf. Mt 10,8; At. 6,1-7.

5) Recusamos ser chamados, oralmente ou por escrito, com nomes e títulos que signifiquem a grandeza e o poder (Eminência, Excelência, Monsenhor...). Preferimos ser chamados com o nome evangélico de Padre. Cf. Mt 20,25-28; 23,6-11; Jo 13,12-15.

6) No nosso comportamento, nas nossas relações sociais, evitaremos aquilo que pode parecer conferir privilégios, prioridades ou mesmo uma preferência qualquer aos ricos e aos poderosos (ex.: banquetes oferecidos ou aceitos, classes nos serviços religiosos). Cf. Lc 13,12-14; 1Cor 9,14-19.

7) Do mesmo modo, evitaremos incentivar ou lisonjear a vaidade de quem quer que seja, com vistas a recompensar ou a solicitar dádivas, ou por qualquer outra razão. Convidaremos nossos fiéis a considerarem as suas dádivas como uma participação normal no culto, no apostolado e na ação social. Cf. Mt 6,2-4; Lc 15,9-13; 2Cor 12,4.

8) Daremos tudo o que for necessário de nosso tempo, reflexão, coração, meios etc., ao serviço apostólico e pastoral das pessoas e dos grupos laboriosos e economicamente fracos e subdesenvolvidos, sem que isso prejudique as outras pessoas e grupos da diocese. Ampararemos os leigos, religiosos, diáconos ou sacerdotes que o Senhor chama a evangelizarem os pobres

e os operários, compartilhando a vida operária e o trabalho. Cf. Lc 4,18s; Mc 6,4; Mt 11,4s; At 18,3s; 20,33-35; 1Cor 4,12 e 9,1-27.

9) Cônscios das exigências da justiça e da caridade, e das suas relações mútuas, procuraremos transformar as obras de "beneficência" em obras sociais baseadas na caridade e na justiça, que levam em conta todos e todas as exigências, como um humilde serviço dos organismos públicos competentes. Cf. Mt 25,31-46; Lc 13,12-14 e 33-34.

10) Poremos tudo em obra para que os responsáveis pelo nosso governo e pelos nossos serviços públicos decidam e ponham em prática as leis, as estruturas e as instituições sociais necessárias à justiça, à igualdade e ao desenvolvimento harmônico e total do homem todo em todos os homens, e, por aí, ao advento de uma outra ordem social, nova, digna dos filhos do homem e dos filhos de Deus. Cf. At. 2,44s; 4,32-35; 5,4; 2Cor 8 e 9 inteiros; 1Tm 5,16.

11) Achando a colegialidade dos bispos sua realização a mais evangélica na assunção do encargo comum das massas humanas em estado de miséria física, cultural e moral – dois terços da humanidade –, comprometemo-nos:

- a participar, conforme nossos meios, dos investimentos urgentes dos episcopados das nações pobres;

- a requerer junto ao plano dos organismos internacionais, mas testemunhando o Evangelho, como o fez o Papa Paulo VI na ONU, a adoção de estruturas econômicas e culturais que não mais fabriquem nações proletárias num mundo cada vez mais rico, mas sim permitam às massas pobres saírem de sua miséria.

12) Comprometemo-nos a partilhar, na caridade pastoral, nossa vida com nossos irmãos em Cristo, sacerdotes, religiosos

e leigos, para que nosso ministério constitua um verdadeiro serviço; assim:

- esforçar-nos-emos para "revisar nossa vida" com eles;
- suscitaremos colaboradores para serem mais uns animadores segundo o espírito, do que uns chefes segundo o mundo;
- procuraremos ser o mais humanamente presentes, acolhedores...;
- mostrar-nos-emos abertos a todos, seja qual for a sua religião. Cf. Mc 8,34s; At 6,1-7; 1Tm 3,8-10.

13) Tornados às nossas dioceses respectivas, daremos a conhecer aos nossos diocesanos a nossa resolução, rogando-lhes ajudar-nos por sua compreensão, seu concurso e suas preces.

AJUDE-NOS, DEUS, A SERMOS FIÉIS!

CEBs – Justiça e profecia: na construção de uma nova ordem mundial*

Há muito tempo se vem discutindo sobre a necessidade e a urgência de uma nova ordem mundial. Dos quatro cantos da terra reunida no Fórum Social Mundial ecoa um grito de lamento, esperança e compromisso: *Outro mundo é possível e necessário*! É o grito das vítimas da atual ordem mundial; é o grito dos que se empenham na construção de uma nova ordem mundial. E por essa razão é e tem que ser o grito das Comunidades Eclesiais de Base (CEBs), "romeiras do Reino no campo e na cidade", comprometidas com a instauração do reinado de Deus neste mundo ou com a estruturação desse mundo segundo a lógica e o dinamismo do reinado de Deus. Para isso, elas tomam como critério e fundamento a *justiça* e como caminho ou método a *profecia*. "Justiça e profecia a serviço da vida" é, aliás, o tema do 13º intereclesial das CEBs que vai se realizar na Diocese do Crato – CE em 2014.

É o que tentaremos explicitar neste artigo, tratando do desafio da construção de uma nova ordem mundial (I), e apresentando tanto o fundamento e o critério (II) quanto o caminho ou método (III) dessa construção.

---

* Artigo solicitado pela Ampliada Nacional das CEBs para o texto-base do 13º Intereclesial das CEBs e publicado na revista *Convergência* 454 (2012) 557-570.

1. O desafio de uma nova ordem mundial

Falar do desafio de uma nova ordem mundial significa, em primeiro lugar, reconhecer que *existe uma ordem mundial* e, em segundo lugar, afirmar que essa ordem mundial *precisa ser mudada ou transformada*. Mas, para se afirmar a necessidade dessa mudança e para se indicarem alguns caminhos ou algumas mediações para sua realização, é preciso reconhecer sua existência e compreender minimamente sua estrutura e sua dinâmica.[1] É o que faremos a seguir de um modo muito resumido e até simplificado.

1.1 A atual ordem mundial

Antes de tudo, é preciso reconhecer a existência de uma ordem mundial (afirmar sua realidade e explicitar em que consiste isso) e compreender sua estrutura e seu funcionamento (mostrar como ela está organizada e qual a sua lógica).

Falar de ordem mundial é falar da dimensão mundial ou global dos vínculos ou dos nexos sociais; é reconhecer que os vínculos ou as relações entre as pessoas não se restringem mais ao âmbito da família, da comunidade local, da região, do país, do continente, mas se dão em nível ou escala mundial: cada vez mais as pessoas e os grupos, nas mais diferentes e distantes regiões do mundo, fazem-se presentes e interferem na vida uns dos outros, interagem e condicionam-se mutuamente, para o bem e/ou para o mal.

E não é preciso fazer muito esforço para se constatar esse fato: tecnologias desenvolvidas em países de primeiro mundo interferem direta e decisivamente no mercado local e nos

---

[1] Cf. AQUINO JÚNIOR, Francisco de. Práxis cristã em tempos de globalização, in *A dimensão socioestrutural do reinado de Deus*: escritos de teologia social. São Paulo: Paulinas, 2011, 67-102.

modos de vida nas mais diferentes regiões; mercadorias produzidas nos EUA, na China, na Índia, por exemplo, invadem o mercado até de pequenas cidades (os famosos importados); as regras do comércio mundial têm levado a uma concorrência desleal entre grandes empresas e pequenos negócios e à falência de pequenas e médias empresas em nossas cidades; o padrão de consumo dos países do primeiro mundo tem provocado a destruição e a privatização de nossas riquezas naturais, o aumento do aquecimento global e o desequilíbrio ambiental com enormes consequências, sobretudo, na vida das comunidades pobres; o fenômeno da migração e os novos desenvolvimentos tecnológicos, particularmente a internet, têm possibilitado o conhecimento e a interação de povos, tradições e costumes os mais diversos (alimento, música, dança, vestes, religiões, organização política, relação com o meio ambiente, relações de gênero, movimentos políticos, negação e defesa de direitos humanos etc.), dentre outros.

De muitas formas e por muitos caminhos as pessoas e os povos das mais diferentes regiões do mundo se fazem presentes e interferem na vida uns dos outros e suas vidas são cada vez mais condicionadas e determinadas por fatores mundiais. Independentemente de terem ou não consciência disso. Certamente o poder de interferência é muito desigual entre ricos e pobres, entre regiões ricas e regiões pobres. Certamente isso se faz sentir e perceber em dimensões e intensidades diferenciadas na vida das pessoas e nas várias regiões. Mas ninguém está completamente livre/solto desses vínculos e de suas consequências. Seja pelo mercado, seja pela comunicação, seja pelo uso e consumo dos bens produzidos, seja pelas catástrofes ambientais, seja pelos modos de vida etc., estamos todos, em alguma medida, vinculados uns aos outros. Para o bem e/ou para o mal. E é precisamente isso que constitui o que chamamos ordem mundial:

a estruturação de nossa vida individual e coletiva mediante o vínculo e a interação entre pessoas e grupos das mais diferentes regiões do planeta.

Em princípio, isso não teria por que ser uma coisa ruim e poderia, inclusive, ser uma grande chance para a humanidade. E há, sem dúvida, aspectos positivos nesse processo que não se podem negar: avanço tecnológico, comunicação e interação entre povos e culturas, crescimento da solidariedade internacional etc. O problema é que esse vínculo e essa interação mundiais têm-se dado fundamentalmente a partir e em função da economia capitalista, em sua fase neoliberal. Por isso é que muitos autores preferem falar de globalização da economia, mais que de mundialização da vida social. E na globalização neoliberal o mercado aparece como o mecanismo decisivo e mais determinante de configuração e regulamentação da vida humana: tudo vira mercadoria, as pessoas se tornam consumidoras, o lucro é a grande meta, imperam a lógica da "concorrência" e a lei do mais forte.

Na verdade, o processo de encontro e interação entre os povos, em curso sobretudo a partir do século XV com a colonização europeia, tem sido um processo de natureza fundamentalmente capitalista, regido pela lógica do lucro e da acumulação de bens e riqueza (deus Mercado). O que é novo nesse processo são seu estágio e seu caráter globais, possibilitados, sobretudo, pela chamada revolução tecnológica: não se trata mais simplesmente da interação entre alguns povos, mas da influência ou interferência de fatores globais (tecnologia, comunicação, valores, meio ambiente etc.) na estruturação da vida das pessoas e dos povos. Mas a lógica é a mesma: Mercado. Não por acaso ele tem-se mostrado não apenas incapaz de acabar com a miséria no mundo, mesmo tendo todas as possibilidades para isso, mas vem aumentando a concentração de bens e riquezas e a desigualdade social, inclusive onde tem avançado na superação da miséria, como é o caso do Brasil.

De acordo com o Relatório de Desenvolvimento Humano – 2010 do Programa das Nações Unidas para o Desenvolvimento (PNUD),[2] apesar dos avanços obtidos nas últimas décadas, o número absoluto de pessoas subnutrida no mundo, que em 1980 era de cerca de 850 milhões, aumentou para cerca de mil milhões de pessoas;[3] cerca de um terço da população de 104 países ou perto de 1,75 mil milhões de pessoas vivem em pobreza multidimensional;[4] 1,44 mil milhões vivem com menos de 1,25 dólar por dia e 2,6 mil milhões vivem com menos de 2 dólares por dia;[5] o fosso entre países desenvolvidos e países em desenvolvimento continua aumentando: o país mais rico atualmente (Listenstaine) é três vezes mais rico que o país mais rico em 1970 e o país mais pobre atualmente (Zimbábue) é cerca de 25 vezes mais pobre que o país mais pobre em 1970 (também Zimbábue);[6] as taxas regionais de pobreza multidimensional variam entre cerca de 3% na Europa e Ásia Central e 65% na África subsaariana;[7] na América Latina e Caribe, a pobreza multidimensional afeta de 2% da população (Uruguai) a 57% (Haiti, ainda antes do terremoto de 2010).[8]

---

[2] Cf. PROGRAMA DAS NAÇÕES UNIDAS PARA O DESENVOLVIMENTO. Relatório de Desenvolvimento humano 2010. A verdadeira riqueza nas nações: vias para o desenvolvimento humano. Disponível na internet: <http://www.pnud.org.br/rdh>. Acesso em: 09/06/2011.
[3] Cf. ibidem, 38.
[4] Cf. ibidem, 90, 100. Uma família pode ser considerada multidimensionalmente pobre se sofrer privações em 2 a 6 dos seguintes indicadores: nutrição, mortalidade infantil, anos de escolaridade, crianças matriculadas, combustível de cozinha, sanitários, água, eletricidade, pavimento e ativos (cf. ibidem).
[5] Cf. ibidem, 101.
[6] Cf. ibidem, 44.
[7] Cf. ibidem, 103.
[8] Cf. ibidem.

No Brasil, dados do Instituto de Pesquisa Econômica Aplicada (IPEA) revelam que, entre 1978 e 2008, embora tenha havido uma redução significativa da *pobreza absoluta* (rendimento familiar *per capita* de até meio salário mínimo), houve, por outro lado, um aumento significativo da *pobreza relativa* (rendimento até 60% do rendimento médio dos ocupados com mais de quinze horas semanais).[9] Enquanto a *pobreza absoluta* caiu de 71,5%, para 31,4%, a *pobreza relativa* aumentou de 23,7% para 45,2%.[10] E enquanto a redução da pobreza absoluta foi muito maior da região Sul (de 68,8% para 16,1%) que na região Nordeste (de 88,0% para 47,2%),[11] o aumento a pobreza relativa foi muito maior na região Nordeste (de 8,8% para 37,2%) que na região Sudeste (de 33,4% para 49,1%),[12] o que mostra a permanência de uma grande desigualdade regional no país. De ambas as formas, "a tendência positiva de redução da pobreza absoluta parece implicar na migração para a pobreza relativa",[13] ou seja, para o aumento da concentração e da desigualdade social.[14]

De modo que a globalização da economia e a mundialização da vida social, regidas pela lógica do mercado, além de

---

[9] Enquanto o conceito de *pobreza absoluta* indica a carência ou satisfação do mínimo necessário à subsistência, o conceito de *pobreza relativa* aponta para o problema da desigualdade social, isto é, da distribuição da riqueza produzida.
[10] Cf. POCHMANN, Marcio. Pobreza em transformação no Brasil, in OLIVEIRA, Pedro Ribeiro de (org.). *Opção pelos pobres no século XXI*. São Paulo: Paulinas, 2011, 59-85, aqui 69s.
[11] Ibidem, 63.
[12] Ibidem, 70.
[13] Ibidem, 72.
[14] O Atlas da exclusão social no Brasil mostra que em 2001 "os 10% mais ricos da população respondiam por cerca de ¾ de toda riqueza nacional" (POCHMANN et al. [org.]. *Atlas da Exclusão Social*. Vol. 3: Os ricos no Brasil. São Paulo: Cortez, 2004, 27) e que as "5 mil famílias 'muito ricas' do país" (0,001% da famílias) se apropriavam "do equivalente a 3% da renda total nacional, representando seu patrimônio algo em torno de 40% do PIB brasileiro" (ibidem, 29), ou seja, "2/5 de todo fluxo de renda gerado pelo país no período de um ano" (ibidem, 11).

incapazes de superar pelo menos a miséria e a fome no mundo, têm-se mostrado como mecanismos muito eficientes de acumulação de bens e riquezas e de aumento da desigualdade social no mundo. E, nesse sentido, elas têm se constituído como uma ordem (ou um ordenamento) global/mundial injusta e insustentável, tanto do ponto de vista social quanto ambiental.

1.2 A necessidade de uma nova ordem mundial

Por se tratar de uma ordem e de um ordenamento social e ambientalmente injustos da vida humana no planeta é que a atual ordem mundial precisa ser mudada ou transformada. Não podemos aceitar uma forma de estruturação e regulamentação de nossa vida coletiva que exclua grande parte da humanidade, que privatize e destrua nossas riquezas naturais, que privatize o saber e os ganhos que ele possibilita e socialize os danos que ele provoca, que concentre de modo tão escandaloso e perverso os bens e riquezas produzidos. "Nem por humanidade nem por fé religiosa poderemos aceitar algum dia a fatalidade como destino ou a exclusão como programa social!"[15]

Mas não basta afirmar a necessidade de uma nova ordem mundial. Precisamos nos confrontar seriamente com suas reais possibilidades e com a problemática de sua mediação histórica. E nesse sentido não podemos ser ingênuos nem criar falsas expectativas. Precisamos sonhar, mas com os pés no chão. Não podemos nos render a essa lógica perversa, mas tampouco podemos achar que mudaremos o mundo só com boa vontade e a toque de mágica: querer não é sem mais poder. Temos que ser sonhadores, utópicos, persistentes, perseverantes, mas também temos que ser realistas, ou seja, reconhecer os reais limites e a

---

[15] CASALDÁLIGA, Pedro. Noite e dia ao mesmo tempo, in VIGIL, José Maria. *Embora seja noite*: a hora espiritual da América latina nos anos 90. São Paulo: Paulinas, 1997, 5-8, aqui 7.

reais possibilidades de nossa ação em vista da construção de uma nova ordem mundial, para que ela possa ser efetiva e eficaz. Nessa perspectiva é que indicaremos sem maiores desenvolvimentos alguns pontos ou aspectos que ajudem perceber as possibilidades e os limites de nossa ação e, assim, potenciá-la e torná-la mais eficaz.

A. É preciso reconhecer, antes de tudo, que o ordenamento de nossa vida coletiva não é fruto do acaso nem um dado natural. Não existe uma sociedade ou uma ordem social acima ou independente das pessoas concretas. Por mais autônoma e independente que seja, ela é resultado da ação e da interação humanas. Os costumes, as regras, as normas, as leis, as instituições etc. nascem e se impõem como modos concretos de organizar, regulamentar e controlar a ação e interação humanas e, enquanto tais, eles podem ser mudados e transformados mediando a ação e interação humanas. E embora essa transformação não seja algo tão simples como pensam alguns (querer não é sem mais poder), tampouco é algo impossível (sempre foi assim, sempre será assim). Depende da ação concreta de pessoas e grupos concretos, da correlação de forças que se vai construindo e da viabilidade das alternativas que se vão descobrindo e forjando.

B. A ordenação e a regulamentação de nossa vida coletiva envolvem diversos aspectos e dimensões que precisam ser reconhecidos e compreendidos. Certamente, a dimensão econômica é a mais primária e a mais fundamental, afinal, sem garantia de condições materiais mínimas a vida se torna impossível. Por isso se critica tanto o capitalismo e se insiste tanto na necessidade de uma nova ordem econômica. Mas ela não é tudo. Há outras formas de injustiça e opressão que não são de natureza propriamente econômica e que precisam ser transformadas: relações de gênero, etnia, cultura, religião, meio ambiente etc.

Fala-se neste contexto de uma ampliação do horizonte de libertação. Daí a importância e a necessidade de se fortalecerem os movimentos e as lutas feministas, negras, indígenas, socioambientais, macroecumênicas etc. E tanto local e nacionalmente quanto continental e mundialmente.

C. Uma nova ordem mundial passa tanto pela transformação das estruturas sociais quanto pela transformação das pessoas. É preciso cuidar tanto da dimensão pessoal quanto da dimensão estrutural de nossa vida. Uma sociedade nova só é possível com pessoas novas, com relações novas entre as pessoas. Do contrário, acabaremos reafirmando e reforçando no dia a dia de nossas vidas e nas relações cotidianas que estabelecemos a ordem mundial que condenamos e que queremos transformar. Mas tampouco bastam pessoas novas e relações interpessoais novas. É preciso criar estruturas e mecanismos novos de organização e regulamentação de nossa vida coletiva que garantam a distribuições dos bens e riquezas produzidos, que preservem e socializem nossas riquezas naturais, que combatam todas as formas de preconceito e discriminação e promovam e garantam os direitos e a igualdade de gênero e raça etc.

D. A transformação das pessoas e das estruturas da sociedade não se dá a toque de mágica nem da noite para o dia. É algo extremamente complexo e processual, pois mexe com mentalidade, com personalidade, com muitos aspectos ou dimensões de nossa vida, com interesses os mais diversos, envolve conflitos e disputas, correlação de forças etc. Além do mais, é muito mais fácil dizer o que não queremos do que dizer como efetivar o que queremos. Sem falar que normalmente não dispomos das mediações necessárias (econômicas, políticas, culturais etc.) para sua realização. Precisamos nos apropriar delas ou mesmo criá-las. E aqui não existem receita nem caminho certo ou único. Temos que inventá-los, testá-los no dia a dia, em pequenas experiências – sem absolutismos nem falsos messianismos. Toda criatividade aqui é pouca. Importa ir reestruturando nossa vida e nossa sociedade em todas as suas dimensões, no pessoal e no estrutural, no micro e no macro.

E. Por fim, e por mais paradoxal que pareça, convém advertir que a construção de uma nova ordem mundial passa necessariamente pela reestruturação de nossa vida coletiva nos espaços menores e que ela vem de baixo, das vítimas. Primeiro, porque a atividade humana acontece sempre em um espaço e tempo determinados, inclusive, em uma sociedade global ou mundial. O que é novo e o que caracteriza o atual estágio de nossa vida coletiva é o poder de alcance e imposição globais da atividade humana. Segundo, porque não interessa às forças sociais dominantes na atual ordem mundial uma transformação substancial de sua estrutura. Se a transformação da sociedade interessa aos setores cujo poder de ação ainda está muito limitado ao âmbito local, é aí que ela tem que ser forjada, ensaiada, articulada e projetada. O grande desafio aqui consiste em potencializar essas experiências locais e, a partir delas, ir articulando forças, construindo uma aliança internacional e criando e impondo novos mecanismos de regulamentação de nossa vida global.

2. A justiça como fundamento e critério da nova ordem mundial

Mas não basta afirmar a necessidade de uma nova ordem mundial nem sequer se confrontar com seus reais limites e suas reais possibilidades. É necessário, inclusive para se ponderar esses limites e essas possibilidades, estabelecer bases/fundamentos sólidos para essa nova ordem mundial e critérios/parâmetros que orientem sua construção histórica.

Quanto a isso, não há muita dificuldade. Os mesmos critérios que usamos para avaliar e rejeitar a atual ordem mundial devem, em sentido contrário, orientar a construção de uma nova ordem mundial. Se o desafio e a necessidade de uma nova ordem mundial se devem fundamentalmente ao caráter injusto e insustentável da atual ordem mundial, sua construção história deve se pautar fundamentalmente na justiça. E se a injustiça da atual ordem mundial se mede pela existência de pobres, oprimidos, excluídos e vítimas (das mais diversas formas e dos mais diversos aspectos), a justiça da nova ordem mundial deverá ser medida pela garantia ou não dos direitos dos pobres, oprimidos, excluídos e vítimas. Eles são, de acordo com a tradição bíblica, o critério e a medida da justiça e da injustiça.

Na perspectiva bíblica, justiça não diz respeito à aplicação cega e imparcial de regras e leis estabelecidas. Ela tem a ver fundamentalmente com o direito dos pobres e oprimidos.[16] "Para os semitas, a justiça é não tanto uma atitude passiva de imparcialidade quanto um empenho do juiz em favor do que tem direito."[17] E "nas censuras proféticas, o justo ainda é o que tem direito, mas ele é quase sempre lembrado na sua condição concreta e no seu meio ambiente: esse inocente é um pobre e uma vítima da violência".[18] De modo que a justiça está intrínsecamente vinculada à problemática do direito e, mais concretamente, à problematica do direito do pobre, do orfão, da viúva e do estrangeiro.

---

[16] Cf. JEREMIAS, Joachim. *Teologia do Novo Testamento*. São Paulo: Hagnos, 2008, 162; SICRE, José Luís. *Profetismo em Israel*: o profeta, os profetas, a mensagem. Petrópolis: Vozes, 2008, 357-380; GUILLET, Jacques. Justiça, in LÉON-DUFOUR, Xavier [et al.]. *Vocabulário de Teologia Bíblica*. Petrópolis: Vozes, 2009, 499-510; COMBLIN, José. *A profecia na Igreja*. São Paulo: Paulus, 2009, 33.
[17] GUILLET, Jacques. Op. cit., 501.
[18] Ibidem, 500.

Fazer justiça significa, portanto, fazer valer o direito dos pobres e oprimidos. É o que se pode ver, por exemplo, no salmo 72, uma bênção para entronização de um rei, onde se pede que Deus confie a ele seu julgamento e sua justiça: que "governe teu povo com justiça e teus afligidos com retidão" (2), "que ele defenda a gente oprimida, salve as famílias pobres" (4), que "livre o pobre que pede auxílio, o oprimido que não tem protetor" (12), "que tenha piedade do pobre e desvalido e salve a vida dos pobres" (13), "que os resgate da crueldade e da violência e tenha seu sangue em grande apreço" (14).

E não se trata, aqui, de algo secundário, periférico ou mesmo restrito ao âmbito social e político. A garantia do direito dos pobres, oprimidos e fracos toca no núcleo mesmo da história da salvação: Deus se apresenta como aquele que faz justiça aos pobres e oprimidos; Israel, e seus reis em particular, devem fazer justiça aos pobres e oprimidos; a relação/aliança de Deus com seu povo tem a ver com e passa pela garantia do direito dos pobres e oprimidos; e o reinado de Deus, centro da vida e missão de Jesus, tem a ver fundamentalmente com a justiça aos pobres e oprimidos.[19]

Esse é o sinal e o critério por excelência da aliança de Deus com seu povo ou da realização de seu reinado neste mundo e deve ser, particularmente para o cristão, o fundamento e o critério da reestruturação de nossa vida coletiva ou da construção de uma nova ordem mundial: a garantia do direito dos pobres, oprimidos e fracos. A nova ordem mundial deve ser pensada e efetivada, portanto, a partir e em vista dos pobres,

---

[19] Cf. BARTH, Karl. Pobreza, in *Dádiva e louvor*. São Leopoldo: Sinodal, 1996, 351-353; GUTIÉRREZ, Gustavo. *O Deus da vida*. São Paulo: Loyola, 1992, 45-57; PIXLEY, Jorge. *O Deus libertador na Bíblia*: Teologia da Libertação e filosofia processual. São Paulo: Paulus, 2011, 17-34; JEREMIAS, Joachim. Op. cit., 159-193.

oprimidos e fracos deste mundo. Os acordos, as regras, as convensões, as leis e as instituições mundiais devem ser, por um lado, mecanismos de combate à pobreza e à desigualdade social e a todas as formas de opressão, dominação, preconceito e exclusão, e, por outro lado, mecanismos de distribuição de bens e riqueza, de proteção e socialização dos bens naturais, de promoção e garantia dos direitos humanos (mulheres, negros, índios, homossexuais, idosos, pessoas com deficiência, migrantes etc).

Em síntese, a justiça, entendida como garantia dos direitos dos pobres, oprimidos e fracos, deve ser tanto o fundamento da nova ordem mundial quanto o critério e a medida de sua construção histórica.

3. A profecia como caminho/ método da nova ordem mundial

Já tratamos da *necessidade* de uma nova ordem mundial e já estabelecemos o *fundamento* e o *critério* de sua construção histórica. Resta-nos abordar a problemática do *caminho ou método* dessa construção histórica.

E, aqui, é preciso deixar bem claro que não existe receita. Ninguém sabe, de antemão, como deve ser, concretamente e em detalhes, a nova ordem mundial. Poderíamos identificar alguns indícios/sinais atuais de sua construção para mostrar tanto sua viabilidade quanto os contornos que vai tomando. Cremos, entretanto, ser mais interessante e mais fecundo indicar um caminho ou método que potencialize os indícios/sinais da nova ordem mundial que já está sendo construída, abra novas perspectivas e amplie o leque de suas reais possibilidades ou mediações. E esse caminho ou método não é outro senão a profecia, tal como se dá na Sagrada Escritura e, a partir dela, vem se dando na história.[20]

De acordo com a Sagrada Escritura, profecia não é adivinhação do futuro nem profeta é aquele que adivinha o futuro, como se ele estivesse desde sempre determinado, como se fosse uma sina ou um destino. Os profetas "são intérpretes da história. São leitores da vida do povo. Através de seus gestos e de suas palavras, a história se torna transparente". Por isso, eles "têm hora e local. Sua atuação é concreta. Está relacionada a certo momento, a certas pessoas, a certas estruturas".[21] "O profeta possui sensibilidade para perceber o que está acontecendo e o sentido dos acontecimentos, onde está o pecado e por onde vem a salvação aqui e agora."[22] Sua missão consiste em atualizar a palavra e os desígnios de Deus para seu povo em uma hora e em uma situação bem concretas: "a profecia é a palavra de Deus ao seu povo aqui e agora".[23] No centro da atividade profética está a denúncia da injustiça e a exigência de justiça aos pobres e oprimidos: "os profetas são pessoas que expressam a exigência de justiça de Deus".[24] O "verdadeiro profeta", diz o profeta Comblin, "é aquele que sabe mostrar onde estão na sua época, a justiça e a injustiça, onde estão os pobres e como estão clamando".[25] De modo que a profecia nem é uma palavra abstrata/genérica (que vale e que se entende

---

[20] Cf. SICRE, José Luís. Op. cit.; ASURMENDI, Jesus. O profetismo: das origens à época moderna. São Paulo: Paulinas, 1988; BEAUCHAMP, Pauls. Profeta, in LÉON-DUFOUR, Xavier. Op. cit., 824-833; SCHWANTES, Milton; MESTERS, Carlos. Profeta: saudade e esperança. São Leopoldo: CEBI, 1989; COMBLIN, José. Op. cit.; ELLACURIA, Ignacio. Utopía y profetismo desde América latina: un ensayo concreto de soteriología histórica, in Escritos Teológicos II. San Salvador: UCA, 2000, 233-293.
[21] SCHWANTES, Milton. Op. cit., 6.
[22] COMBLIN, José. Op. cit., 11.
[23] Ibidem, 12.
[24] Ibidem, 33.
[25] Ibidem, 255.

independentemente do contexto em que é exercida) nem muito menos neutra (que se coloca acima dos conflitos, que não toma partido nos conflitos).

Nas palavras do profeta-mártir salvadorenho, Ignacio Ellacuría, a profecia se caracteriza pela "contraste crítico do anúncio da plenitude do reino de Deus com uma situação histórica determinada".[26] Esse contraste é fundamental. Primeiro, porque "manifesta os limites e, sobretudo, os males de uma determinada situação histórica". Segundo, porque, mediante a superação desses limites e desses males presentes, pode-se ir "desenhando o futuro desejado, cada vez mais de acordo com as exigência e os dinamismos do reino" e, por sua vez, "o futuro anunciado e esperado ajuda a ir superando esses limites e esses males". Terceiro, porque evita que a utopia "se converta em uma evasão abstrata do compromisso histórico".[27]

E é nesse sentido, precisamente, que falamos da profecia como caminho ou método de construção de uma nova ordem mundial: enfrentamento das situações concretas de injustiça e opressão, defesa e luta pela justiça em situações bem concretas. Não basta a denúncia abstrata das injustiças nem o anúncio abstrato e genérico da justiça. É preciso dar nome aos bois, é preciso concretizar isso – no discurso e na prática. Assim, por exemplo, não basta dizer que é preciso preservar o meio ambiente e que ele não pode ser privatizado. É preciso enfrentar-se com as empresas e os empresários/fazendeiros que estão fazendo isso em nossas regiões – eles têm nome e endereço. E mais concretamente, é preciso fazer isso a partir e em vista das necessidades e dos interesses dos trabalhadores e das comunidades vítimas do agronegócio. Não basta falar abstratamente

---

[26] ELLACURÍA, Ignácio. Op. cit., 237.
[27] Ibidem, 237s.

de igualdade de gênero e de raça. É preciso enfretar-se com as estruturas patriarcais e racistas que negam essa igualdade e defendê-la e promovê-la em nossas comunidades e na sociedade em geral (funções de liderança, lei Maria da Penha, política de cotas para negros etc.). E assim por diante.

É na denúncia e no enfrentamento de *situações concretas de injustiça e opressão* (econômica, gênero, raça, ambiental etc.) e na defesa e na luta pela efetivação de *direitos concretos* dos pobres, oprimidos, excluídos e fracos de nossa sociedade que vamos construindo uma aliança internacional e, através dela, uma nova ordem mundial.

Convém não esquecer que esse caráter concreto e parcial da profecia é profundamente conflitivo, pois mexe com interesses de pessoas, grupos, organizações e estruturas bem concretas. Por isso mesmo "o profeta é perseguido, denunciado, maltratado, afastado do povo e até morto".[28] E não foi outra a sina de Jesus nem a sina que ele previu para seus seguidores (Jo 15,20).

A sociedade e a Igreja exaltam e louvam pessoas que fazem o bem a outras, que praticam "obras de misericórdia" e até que defendem ideais abstratos de justiça e paz, mas toleram e surportam muito pouco quem, em situações bem concretas, se enfrenta efetivamente com a injustiça e se empenha na promoção da justiça. São famosas as palavras do profeta Helder Camara: "se dou comida aos pobres me chamam de santo; se pergunto por que eles são pobres me chamam de comunista".

Importa, em todo caso, ir (A) se enfrentando com as mais diversas formas de injustiça e opressão, (B) empenhando-se da promoção e garantia dos direitos dos pobres, dos oprimidos, eclusidos e fracos, e (C) isso é fundamental, expandindo e fortalecendo a solidariedade internacional na luta contra a

---

[28] COMBLIN, José. Op. cit., 13.

injustiça e a opressão e na defesa e garantia dos direitos dos pobres, oprimidos e fracos de nossa sociedade.

Em conclusão

Certamente a construção de uma nova ordem mundial não é tarefa exclusiva das comunidades eclesiais de base. Primeiro, porque ela diz respeito à vida de todas as pessoas e de todos os povos. Segundo, porque há uma quantidade enorme de pessoas, grupos, organizações, movimentos etc., mundo afora, empenhadas nessa tarefa. Terceiro, porque elas não dispõem das mediações teóricas e práticas que essa tarefa exige.

Mas, embora não seja algo exclusivo das CEBs nem algo que elas poderiam realizar sozinhas, é algo constitutivo de sua vida e missão e, portanto, algo do qual elas não podem se desentender jamais, sob pena de comprometer ou negar sua própria identidade. A contrução de uma nova ordem mundial não é apenas uma questão social, política, econômica e cultural. É também uma questão teologal e teológica. Diz respeito à dimensão socioestrutural do reinado de Deus neste mundo, ou seja, à reestruturação de nossa vida coletiva, agora em escala global, segundo a lógica e dinâmica do reinado de Deus. E nesse sentido, vale repetir, diz respeito à própria identidade das CEBs.

Nessa missão, atua com todas as pessoas e grupos empenhados em sua contrução histórica. E o faz a partir de sua tradição (judaico-cristã) e de suas peculiaridades e possibilidades (comunidade eclesial, força/poder social), tomando como fundamento e como critério a *justiça* (garantia do direito dos pobres, oprimidos e fracos) e como caminho ou método a *profecia* (confronto com as situações concretas de injustiça e exigência de efetivação de direitos concretos para pessoas e grupos concretos).

Impresso na gráfica da
Pia Sociedade Filhas de São Paulo
Via Raposo Tavares, km 19,145
05577-300 - São Paulo, SP - Brasil - 2015